富裕層だけが知っているマネー戦略

ポスト・アベノミクス時代の新しいお金の増やし方

加谷珪一 Keiichi Kaya

A new way to make money in the post-Abenomics era.

ビジネス社

まえがき

このところ、アベノミクスの限界について指摘する声を耳にするようになってきました。

日銀が掲げてきた2％という物価目標を実現することは、現時点ではかなり難しそうですし、為替も円高傾向を強めています。消費の低迷も深刻になっており、円安と物価上昇を基本としてきたアベノミクスは、逆回転をし始めている印象です。

安倍政権はこうした状況を受け、消費税の10％への増税を再度延期し、大規模な財政出動を模索するようになってきました。

この原稿を書いている時点では、最終的な方向性はまだ見えていませんが、量的緩和策が現実路線に修正され、大規模な財政出動が実施される状況となった場合、日本経済は大きな転換点を迎えることになるでしょう。

そうなってくると、資産運用のあり方や企業における人の働き方、さらにはライフスタイルまでもが変わってくる可能性があります。

こうした新しいフェーズを、ここでは「ポスト・アベノミクス時代」と呼ぶことにしますが、本書はこの新しい時代に、お金や経済とどう向き合えばよいのかについて、分野ごとにまとめたものです。

日本経済はバブル崩壊後の20年間、低成長に悩まされてきました。当初は需要不足が指摘され、大規模な財政出動が繰り返し行われましたが、目立った成果を上げることができませんでした。

過剰な財政出動への反省から、次に模索されたのが構造改革路線です。しかし、構造改革路線は多くの反対に遭い、途中で挫折してしまいます。その後、最後の切り札として登場してきたのが、量的緩和策を中心に据えたアベノミクスでした。

ここでポスト・アベノミクス時代にシフトするのだとすると、中核となるべき経済政策はもはや存在していません。つまりポスト・アベノミクスという時代は、〝主役なき経済政策の時代〟なのです。

主役が存在する舞台を理解することは、とても簡単でした。中核となる経済政策の是非について議論するだけでよかったからです。しかし、主役なき舞台を観賞するのはたやすいことではありません。

経済がどのような流れになっているのか冷静に分析し、その中で、何が次の経済を形作っていくのか、じっくり見極める必要があります。本書は、そのためのヒントとして捉えてください。

筆者が本書についてわざわざ「ヒント」であることを強調するのは、最終的には自身の頭で考えることでしか、必要な答えは得られないからです。

筆者はもともとジャーナリストですし、金融機関で投資調査の仕事に従事した経験もありますから、本書については、できるだけ客観性が保てるように留意しながら執筆を行っています。しかし、この世界において100％の客観性というものは存在しません。

筆者は経済やビジネスに関する評論活動を行うかたわら、億単位の資金を運用しています。つまり、筆者には〝投資家〟という顔もあるわけです。

筆者の投資資金はすべて自己資金であり、他人からお金を預かっているわけではありません。また、短期的に高いリターンを目指す必要もありませんから、いわゆる「ポジション・トーク」とは無縁の立場です。

しかし、自身が投資活動をしている以上、筆者の分析結果に、自身の価値観や損得感情が入り込んでしまうことをゼロにすることはできません。

一方、筆者の経験からすると、自身が投資やビジネスをしていない人の見解が客観的なのかというと、それもかなり怪しいというのが実情です。投資やビジネスをしていない人は、現実にはそれほど重要ではないことを過大評価してしまう傾向が強く、それが評価結果を歪めてしまうケースがよくあるからです。

筆者が書いたものに限らず、読者の皆さんは、書き手がどのような立場でその文章を書いているのかについて、もっと批評的に捉える必要があるでしょう。当然のことながら、筆者が本書で示した見立ては、自身のポートフォリオにも反映されています。そのことを理解した上で、本書を読んでください。

もし筆者の見立てと違うところが出てきた場合は、その部分は非常に重要なポイントであり、場合によっては大きなチャンスとなるかもしれません。

本書では、ポスト・アベノミクス時代を6つの項目に分け、個別のテーマについて、アベノミクス以前の常識と、ポスト・アベノミクスの常識を比較できるようにしてみました。話題は項目ごとに完結していますから、どの項目から読み進めても構いません。一方、各章を通読すれば、最終的にポスト・アベノミクスがどのような時代になるのか、おおよその輪郭がつかめると思います。

各章の内容は以下の通りです。

序章では、アベノミクスが、どのような政策だったのかについて整理します。この部分がはっきりしないと、ポスト・アベノミクス時代を見通すことはできません。時間が経つにつれて、アベノミクスの内容が変化していることが分かると思います。

第1章は日本経済についてです。財政問題や格差問題がどう推移するのか、賃金は上がるのかといったテーマについて議論していきます。

第2章は世界経済についてです。日本は世界経済の一部分にすぎませんから、世界経済から大きな影響を受けてしまいます。ポスト・アベノミクス時代を理解するためには、世界経済の大まかな動向について知っておく必要があります。

第3章は投資戦略についてです。ポスト・アベノミクス時代において株価はどう推移するのか、金への投資は有効なのか、などについて解説しました。

第4章は、資産形成についてです。家を買うべきなのか、貯蓄に励むべきなのか、資産フライトは発生するのか、などについて解説しています。

第5章は情報リテラシーについてです。

新しい時代を生き抜くためには情報を武器にする必要があります。紙メディアとネット・メディアの動向、マスメディアの報道から真実を探り出すテクニックなどを解説します。

第6章は、ライフスタイルについてです。〝日本企業の名物〟である残業は減るのか、人工知能（ＡＩ）によって仕事が奪われるのかといったテーマで検証を進めます。

いつの時代においても、適切な情報とそれを分析する知恵さえあれば、難局を乗り切ることができます。本書を活用して、これからやってくる新しい時代と上手に向き合ってください。

ポストアベノミクス時代の新しいお金の増やし方

目次　contents

第2章

世界経済の新しい常識

第3章

投資戦略の新しい常識

第4章 資産形成の新しい常識

第5章 情報整理の新しい常識

第6章 「働く」「生きる」の新しい常識

序章

アベノミクスとは何だったのか？

アベノミクスの本質

Changing Economy 01

当初のアベノミクスは
3本の矢の3番目「構造改革」こそ本丸

＜

構造改革が後退し、
3本の矢のバランスが大きく崩れる

ポスト・アベノミクス時代にどう対応すればよいのか考えるためには、アベノミクスがどのような政策だったのかについて理解する必要があります。「アベノミクス」というのはまさにキーワードになっているのですが、こうした**キーワードを用いることの欠点は、分かったような気持ちになってしまうこと**です。ここは冷静に、アベノミクスの中身について再整理してみましょう。

よく知られているようにアベノミクスは〝3本の矢〟で構成されています。

1本目は「大胆な金融政策」で、これは日銀の量的緩和策のことを指します。2本目は「機動的な財政政策」で、具体的に言うと大規模な公共事業です。そして、3本目となるのが「成長戦略」です。

アベノミクスは時間が経つにつれて内容が変化しており、3本の矢の位置付けは曖昧になっています。しかし、安倍政権発足当初、それぞれの矢が持つ役割は明確でした。この部分は非常に重要ですから、よく覚えておいてください。

アベノミクスの中核をなすのは、1本目の量的緩和策と3本目の成長戦略です。

量的緩和策は、日銀が積極的に国債を購入することで、市場にマネーを大量供給し、市場にインフレ期待（物価が上昇すると皆が考えること）を発生させるという政策です。期待インフレ率が高くなると、実質金利（名目金利から期待インフレ率を引いたもの）が低下することになりますから、企業が資金を借りやすくなり、設備投資が伸びるというメカニズムです。

日本では不景気が長引き、デフレと低金利の状態が続いていました。名目上の金利は、これ以上引き下げることができないので、逆に物価を上げて、実質的に金利を引き下げようとしたわけです。

しかし、**物価が上がる見通しがついただけでは、経済が順調に成長軌道に乗るわけではありません。**持続的な経済成長を実現するためには、日本経済の体質を根本的に変える必要があります。

それが3本目の矢である成長戦略です。

詳しくは後述しますが、当初のアベノミクスでは、硬直化した日本経済の仕組みを変革すること（分かりやすい言葉で言えば「構造改革」）を、成長戦略の中核として位置付けていました。

こうした構造改革を実施すると、一部の人は転職を余儀なくされたり、これまでもらえていた補助金がなくなってしまうなど、痛みを伴うことになります。

また、構造改革が一定の成果を上げるまでには、それなりの時間が必要となります。その間のショックを最小限にする措置として掲げられていたのが、２本目の財政出動というわけです。

整理すると**アベノミクスは、金融政策でデフレからの脱却を試み、財政出動で当面の景気を維持し、その間に痛みを伴う構造改革を実施するという流れ**だったわけです。

ここでの**ポイントは、量的緩和策や財政政策は一時的な対応策として位置付けられていたということ**です。一方、構造改革については賛否両論があるのですが、**スタート時点では、構造改革が経済成長を実現するための本丸という認識**だったのです。

しかし、成長戦略の中核であった構造改革はほとんど進まず、現在ではほぼ消滅した状態にあります。これによって、それぞれの矢の位置付けが当初とは大きく変わってしまったわけです。

３本目の矢が折れた今、もはや日本の経済政策を「アベノミクス」とは呼べない！

アベノミクスの真の狙い

バブル崩壊以降、
大規模な財政出動頼みの限界から
構造改革を強力に推進する
方向に転換

ダラダラとした
現状維持への動きが続き、
再び財政出動頼みへと逆戻り

アベノミクスがスタートして以降、日本株はめざましい上昇を見せましたが、その多くは外国人投資家による「買い」がもたらしたものです。しかし、**外国人投資家の投資残高は2015年からすでに7兆円も減少しており、事実上、日本市場から撤退した状態**にあります。

その理由は、アベノミクスの中核的な政策として掲げられていた構造改革に、ほとんど進展が見られなかったからです。

構造改革に対しては賛否両論があり、国内の意見はまとまっていません。特に労働市場の改革など規制緩和策に対しては、一部から激しい反発があります。それにもかかわらず、安倍首相は当初、構造改革を成長戦略の中核として位置付け、諸外国に向けて「構造改革を強力に進めていく」と宣言していました。

では安倍首相は、なぜ国民からの反発が強い政策を、成長戦略の中核に据えていたのでしょうか。その理由は、バブル崩壊後の日本経済がたどった道筋と大きく関係しています。そして一連の経緯は、ポスト・アベノミクス時代を占うカギになります。

日本経済はバブル崩壊以後、20年にわたってほぼゼロ成長の時代が続いてきました。

世界全体もゼロ成長であれば、それほど大きな問題にはなりませんが、そうではありません。

日本がもたもたしている間に、諸外国はめざましい経済成長を実現しました。過去20年で各国のGDP（国内総生産）は1・5倍から2倍に拡大していますから、相対的に日本経済は縮小が続いてきたことになります。日本は貿易で国を成り立たせており、経済規模が小さくなることは、日本人の購買力が低下したことを意味しています。

つまり、**日本はここ20年ですっかり貧しくなってしまった**のです。

もちろんこの間、日本は何もしなかったわけではありません。

当初は景気浮揚を図るため、積極的な財政政策が実施されました。**10兆円規模の公共事業が何度も行われましたが、ほとんど効果はなく、残ったのは膨大な政府債務の山**でした。特に財政出動に積極的だった小渕政権の成立以後（1998年）、国債の発行額が急増し、**250兆円程度だった政府債務の残高は20年弱で800兆円を超える水準まで拡大**しています。

こうした状況を受けて登場したのが、小泉政権が掲げた構造改革路線です。

大規模な財政出動を何度実施しても効果がないということは、日本経済が低迷する真の原因は構造的なものなのではないかとの指摘が相次ぎました。根本的な部分を変えなければ、日本経済は復活しないという考え方です。

しかし構造改革には相当の痛みが伴います。一部の国民はこれに猛反発し、構造改革は途中でストップしてしまいました。その後、日本経済は第2次安倍政権が発足するまで、ダラダラと現状維持を続けてきたというのが実態です。

つまり、**アベノミクスの基本的な認識として、財政出動には限界があり、本格的な経済成長を実現するには構造改革が必須という考え方が存在していた**わけです。**外国人投資家は、まさにこの部分に反応した**のです。

しかし、現在のアベノミクスでは、構造改革に関する項目はほとんど消滅し、代わりに大型の財政出動が再び模索される状況となっています。その一方で、日本経済は過去20年間、財政出動にほとんど効果がなかった状態から大きく変化したわけではありません。ここをどう解釈するのかが、今後の焦点となってくるでしょう。

再び財政出動に踏み切ったところで、日本経済の構造は基本的に何も変わらない！

Changing Economy

03

インフレ目標2%の正体

インフレ期待が発生し、
物価も順調に上昇するはず

＜

物価上昇がストップし、
消費者心理も冷え込む傾向が
当分続く可能性大

当初、アベノミクスはすばらしい成果を上げたかに見えました。

日銀は2013年4月の金融政策決定会合において、大量の資金を市場に供給する量的緩和策を開始しました。その結果、日銀が金融機関に供給するマネーの総量を示すマネタリーベースは、年間80兆円のペースで増加することになりました。

アベノミクスに真っ先に反応したのが、為替と株価です。

安倍政権発足前には、為替は1ドル＝80円台でしたが、2013年には1ドル＝100円まで下落、2015年には1ドル＝120円となりました。株価もこれに合わせて大きく上昇します。

2012年の段階で1万円を割り込んでいた日経平均は、2013年後半には1万5000円台に乗せ、2015年には一時、2万円を突破しました。

為替市場がすぐに反応したのは、日銀によるマネー供給によって円の価値が減価すると市場が判断したからです。実際、マネタリーベースの金額は半年で30％増加し、為替は同じ期間で約20％減価しました。

円が安くなると、その分だけ輸出産業の見かけ上の売上高や利益が増加しますから、それに合わせて株価も上昇することになります。市場にインフレ期待を持たせるという当初の目標は、ある程度達成できたわけです。

2％というインフレ目標も途中までは実現できるかに見えました。円安によって輸入物価が上昇し、国内の物価が上がり始めたからです。

国内の消費者物価指数（生鮮食料品を除く総合）は、アベノミクスが始まるまでは前年同月比マイナスの状況でしたが、2013年6月からはプラスに転換。2014年5月にはプラス1・4％まで上昇し（消費税の影響を除く）、2％の物価目標達成も視野に入ってきました。

しかし2015年に入ると状況は一変し、株価は下落、為替は円高、消費者物価指数はマイナスと、完全に歯車が逆回転し始めてしまいます。

GDPの成長率も同様です。

アベノミクスがスタートした2013年度の実質GDP成長率はプラス2％となり、前年度のプラス0・9％と比較すると大きく伸びましたが、2014年度はマイナス0・9％、2015年度はプラス0・8％となっており、行ったり来たりの状況が続いています。

経済成長の中身を見ると、さらに状況がよくないことが分かります。

日本経済の6割を占め、GDPの中核となっている個人消費は2013年度こそ2・3％のプラスでしたが、2014年度は2・9％ものマイナスに転落し、2015年度も0・2％のマイナスでした。

しかし、**公共事業は2013年に10％もの伸びとなり、一般的な政府支出も毎年着実にプラス**となっています。つまり、**アベノミクスが始まって以降、経済成長の多くは、政府支出や公共事業によって実現されてきた**ということが分かります。

アベノミクスがうまく機能しなくなった原因について、完全に特定できているわけではありませんが、当初、予定されていた構造改革がまったく実施されなかったことの影響は大きいでしょう。しかし、国民から反発が大きい構造改革については事実上、これを封印していますから、今後も選択される可能性は低いと思われます。消去法として財政出動強化に傾かざるを得ない状況になっています。

いったん、消費が冷え込んでしまうと、これを復活させるのは容易ではなく、低迷は長期化する可能性が高い！

Changing Economy 04

アベノミクスから ポスト・アベノミクスへ

消費税率を10%にし、
2020年に
プライマリーバランスを黒字化

債務問題を放っておくと、
金利上昇リスクが顕在化してくる

日本経済は、これからどこに向かおうとしているのでしょうか。

これまで解説してきたような状況を受け、安倍政権は経済政策を大きく転換しようとしています。具体的には金融政策と構造改革を中心としたものから、財政を中心とした施策へのシフトということになります。

安倍首相は２０１６年６月１日、２０１７年４月に予定されていた消費税10％への増税を、２０１９年10月まで2年半延期すると発表しました。消費税10％への増税延期はこれで2度目となります。

このところ個人消費が大きく落ち込んでおり、ここで消費税を増税してしまうと、消費に壊滅的な影響を与える可能性があります。安倍首相はこれを危惧したものと思われます。

本来であれば、消費税の増税は経済にそれほど大きな影響を与えるものではありません。税として徴収したお金は政府支出として消費され、最終的には国民の所得になるからです。

しかし、個人消費が弱まっている時に税率を上げてしまうと、短期的には国民の可処分所得が減ってしまいますから、消費に悪影響を及ぼします。**安倍政権としては、**

景気失速を防ぐため、増税を延期せざるを得なかったというのが実情でしょう。

もっとも、消費増税の再延期は、増税による悪影響を緩和する効果しかなく、先送りによって根本的に経済の状況が改善するわけではありません。**このままでは消費の停滞から所得が減り、企業が経営の先行きを不安視して、設備投資を抑制するという負のスパイラルに陥る**可能性もあります。

こうした状況を防ぐため、政府は何らかの手を打つ必要に迫られていますが、これまで説明してきたように、量的緩和策の効果はかなり薄れつつある状況です。このため政府内部では、再度、財政出動を強化する方策が検討されています。

大型の財政出動を実施した場合、短期的にはそれなりの効果が期待できるでしょう。しかし、財政出動の強化には懸念材料もあります。

1つは、過去のケースからも分かるように、日本経済の構造を変えないと、財政出動の効果が限定的になってしまう可能性が高いことです。もう1つは、**これ以上財政出動を強化すると、日本の政府債務の水準が資本市場で問題視される可能性が高まってくる**ことです。

日本政府はこれまで、2020年度に基礎的財政収支（プライマリーバランス）を黒字化するという公約を掲げてきましたが、今回の消費増税の再延期によって、この公約の達成はほぼ不可能となりました。

今後、財政出動をさらに強化するということになると、市場において日本の債務残高の大きさがリスク要因として認識される可能性が高くなってきます。

日本の財政については後ほど詳しく説明しますが、債務が増大したからといってすぐに破綻するといった状況ではありません。しかし、**このまま債務増大に歯止めがかからない場合、金利が上昇するリスクは確実に高まります。それだけでも経済に対する影響は大きい**わけです。

ポスト・アベノミクス時代においては、本当に財政出動の強化でよいのか、また財政を強化する場合には、金利上昇リスクにどう向き合うのか、といったところが議論の焦点となるでしょう。

財政中心の政策に戻すのであれば、財政政策が無効だった要因について、もう一度検証する必要あり！

新しい常識

第1章

日本経済の

Changing Economy 05

為替はどう動くのか？

アベノミクスは
基本的に円安政策であり、
円安傾向が続いていく

＜

短期的には円高傾向が強くなり、
長期的には円安が
過度に進むリスクも

アベノミクスは事実上の円安政策と言ってよいものでしたから、安倍政権成立以後は基本的に円安が続いてきました。しかし、２０１６年に入り、その傾向に大きな変化が見られるようになってきました。為替が円高方向に動き始めたのです。

為替の動きは複雑です。短期的な思惑と長期的な思惑が密接に絡み合って価格が形成されます。**このところ円が積極的に買われるのは、ドルやユーロが買いにくいという消極的な理由がほとんど**なのですが、長期的な視点で為替を見た場合、どの程度の水準が妥当と言えるのでしょうか。

長期的に見て、為替ともっとも相関性が高いとされているのは物価です。

物価が上がっている国の通貨は安くなり、逆に物価が下がっている国の通貨は高くなります。物価と為替の相関性が高いことは、「一物一価」の原理で説明することができます。この原理は同じ商品なら世界のどこで買っても、本質的な価値は変わらないというもので、よく引き合いに出されるのが、各国のマクドナルドの価格を比較した、いわゆる「ビックマック指数」です。

もし、一物一価の原則が成立するならば、ある国のビックマックの価格が永遠に上昇することはあり得ません。物価が上昇した国の通貨は下落し、物価が下落した国の通貨は上昇することで、最終的にビックマックの価格は一定レベルに収束することになります。

この考え方を為替レートに適用したものが、購買力平価の為替レートということになります。購買力平価の為替レートは、長期的に見ると現実の為替レートと高い相関性を示すことが知られています。

為替を分析するツールとしては、二国間のマネタリーベースの差など、様々なものがあります。しかし、ほとんどの手法は、適用できる場面とそうでない場面が混在しており、いつでも有効なわけではありません。

しかし、**購買力平価は、短期的には誤差が大きいものの、長期的にはほぼ確実に、現実の為替と同じ動きを示します。**為替の説明でよく用いられる金利差についても、物価動向が金利を決める大きな要因になっていることを考えると、結局のところ購買力平価と同じことを説明しているにすぎません。

ドル円相場は、1971年のニクソン・ショックをきっかけに固定相場制が実質的に崩壊。73年に変動相場制に移行してからは、一貫して円高ドル安が続いてきました。過去のドル円相場の動きは、多少の上下はありますが、購買力平価の為替レートときれいに連動しています。

日本国内では実質賃金が5年連続で低下しており、消費者の購買力が衰えています。また２０１４年の後半以降、原油価格が大幅に下落したことで、日本の物価上昇は鈍化しています。２０１６年に入ってからは消費者物価指数が前年同月比でマイナスになることも珍しくなく、当面はこうした状況が続く可能性が高いと見てよいでしょう。

物価はしばらくの間、上昇しにくいというのが市場関係者のコンセンサスであり、そうなってくると、大きく円安に振れる要素がありません。**当分の間、為替レートは、100円という購買力平価を意識しながら、動くことになる**でしょう。

詳しくは後述しますが、この均衡が大きく崩れることがあるとすれば、それは日本経済への信認低下によるインフレと高金利の誘発ということになります。したがって、中長期的には一気に円安に進む可能性も考慮に入れておく必要がありそうです。

為替の水準を最終的に決めるのは物価。短期的視点、長期的視点に分けて考えることが大事！

Changing Economy 06

賃金は上がるのか？

政府からの賃上げ要請によって
賃金上昇への期待大

日本の低賃金は
構造的な要因によるので、
賃金は上がらないことを
前提に行動する

このところ日本では空前の低失業率が続いています。リーマン・ショック後に一時的に失業率が上昇したことがありましたが、その後は一貫して低下が続いており、企業の人手不足は深刻な状況です。

ちなみに総務省が発表した２０１６年６月の失業率は３・１％でした。この数字は、ほぼ完全雇用に近いものですから、本来でしたら、企業は人手を確保するため、賃金を上げていくはずです。

ところが日本では、賃金は上がるどころかむしろ下がっているというのが現実です。**厚生労働省が発表した２０１５年度の実質賃金は前年比マイナス０・１％となっており、賃金の下落はこれで５年連続**となりました。物価の影響を考慮しない名目賃金も、ほぼ横ばいといった状況です。

人手不足にもかかわらず賃金が上昇しないというのは不思議な現象ですが、その原因は、労働市場の構造にあると考えられます。

日本は過去10年間、ＧＤＰがほとんど増えておらず、経済は基本的に横ばいが続いてきました。経済が拡大しなければ、労働力に対する需要は増えませんから、本来でしたら人手は不足しません。しかし、日本の場合には、若年層人口が著しく減少しているという特殊要因があります。**日本の労働力人口の総数は、過去10年間であまり変わっていないのですが、25〜35歳の労働力人口は2割も減少**しました。

つまり**現状の人手不足は、若年層労働力人口の減少が原因であり、好景気によるものではありません。景気がよいわけではありませんから、企業は簡単に賃金を上げようとはしない**のです。

中高年の労働者が増えていることも、賃金を抑制します。

日本の65歳以上の労働力人口は、過去10年間で、男性は約40％、女性は約50％も増加しました。これらの労働力は、パートタイム的な形態が多いと考えられますから、賃金は正社員に比べて安くなってしまいます。つまり、**正社員として働く若者の減少分を、低賃金の高齢者が補うという構図**が見て取れるのです。

しかし、**賃金を低下させる最大の要因は、何といっても日本の雇用慣行**でしょう。

日本では、法制度上、原則として正社員を解雇することができません。企業が新しいビジネスを行うには、新しい人材が必要となりますが、人を減らさないまま新規の雇用を抱えてしまうため、人件費に対しては常に抑制圧力が働きます。

安倍政権はこうした事態に対処するため、財界に強く賃上げを求めましたが、状況はあまり改善していません。

企業は利益の絶対額が増えないと、人件費にかけるお金の総額を増やすことができません。無理に賃上げをすると、商品の値上げや下請けへの値引きで利益を捻出するので、別のセクターに影響が及んでしまいます。

国内では漠然と賃上げを求める意見はありますが、労働市場を活性化しようという声はあまり聞こえてきません。多くの人が仕事の変化を望んでいないことが、その理由です。つまり、**実際には賃金よりも雇用の安定を望んでいる**わけです。

そうなってくると、ポスト・アベノミクス時代も、労働市場が大きく変わる可能性は低いということになります。**日本の賃金は、今後もあまり上昇しない可能性が高い**でしょう。高齢者や女性の就業率は今後、さらに上昇する可能性が高いですから、これも賃金を引き下げる要因となり続けます。

低成長下では、雇用と賃金上昇は両立しにくい！

Changing Economy 07

格差はさらに拡大するのか？

アベノミクスの株高によって
格差は拡大する傾向が顕著

＜

景気低迷により
上方向への格差は縮小する一方、
貧困など下方向への格差は
むしろ拡大する

日本はかつて、「1億総中流」というキーワードがあったことからも分かるように、貧富の差が少ない暮らしやすい国と思われてきました。しかし、最近ではこうした状況が変化しつつあり、格差が社会問題として強く意識されるようになっています。

格差問題を考える際に注意しなければならないのは、景気拡大との関係です。

これは多くの人にとって都合が悪い話なのですが、**経済的な格差というものは、景気が悪い時ではなく、景気がよい時に拡大しやすい**というのが実情です。

所得格差を示す指標の1つに「ジニ係数」というものがありますが、過去の推移を見ると、80年代のバブル経済やリーマン・ショック直前など、好景気の時に格差が拡大しやすいという傾向が見て取れます。

景気がよいと格差が拡大するのは、資産価格が大きく上昇するからです。所得が多ければ多いほど、給与など働くことで得られる所得に加えて、利子や配当、家賃収入、キャピタル・ゲインなど、資産からの所得が増えてくることになります。**好景気が続くと株価や不動産価格の上昇に弾みが付きますから、お金持ちはますますお金持ちになる**わけです。こうした状況は数字にも表れています。

日本でもっともお金持ち（平均所得が高い）の市区町村は東京都港区なのですが、

給与所得だけを見ると、他の市区町村と同様、ここ数年間ほとんど上昇していません。しかし、株式の売却益などを含めた総合的な所得で見ると、港区民の所得は1・5倍に拡大しています。これは所得が少ない市区町村には見られない傾向です。

つまり**港区の住人には、株式や不動産に投資をしている人が多く、これがアベノミクスの株高によって、所得の伸びに大きく貢献した**のです。

ただ日本の場合、累進課税制度によって、高額所得者に対して極めて高い税率が課せられているほか、社会保障の制度もありますから、実際には、所得の再分配が行われます。所得再分配後の格差について見てみると、日本ではほとんど格差は拡大していません。数字上は貧富の差が小さい国というイメージは保たれているようです。

一方、米国は過去20年間、２００８年のリーマン・ショック時を除いて好景気が続き、株価も順調に上昇していましたから、格差は拡大する一方でした。米国で〝トランプ旋風〟が起きたことは、経済的に見れば、当然の結果ともいえるのです。

では、日本では格差問題は深刻化していないのかというと、そうではありません。

諸外国の格差問題は上方向への格差ですが、日本では貧困の増加という下方向の格差が拡大しています。先ほどのジニ係数は、あくまで所得の偏りを示したものですから、貧困者の増減とは直接関係しません。

一般に貧困の度合いは相対的貧困率（可処分所得が中央値の半分以下の人の割合）で表されます。**２０１２年における日本の相対的貧困率は16・1％となっており、これは先進国の中では突出して高い数値**です。福祉政策が手厚いと言われる欧州各国は1ケタ台のところがほとんどであり、これほど高い貧困率となっているのは米国と日本だけです。

ポスト・アベノミクスの時代においては、実質2％の成長を実現することは困難です。後述するように株価の上昇も限定的ですから、富裕層の所得は今後大きく減ってくるでしょう。したがって、**上方向への格差はむしろ縮小する可能性が高い**と思われます。しかし成長の鈍化に伴って税収も減りますから、社会保障は抑制の方向です。となると、**貧困など下方向への格差はさらに拡大**しそうです。

日本で格差が小さかったのは景気低迷が長かったからで、相対的貧困率は悪化していく可能性大！

地方の再生はうまくいくのか？

Changing Economy 08

「ローカル・アベノミクス」で地方も活性化する

＜

札幌、仙台、福岡など中核都市への人口集中が進み、一部自治体は消滅の危険性も

安倍政権は構造改革に加え、「地方創生」をアベノミクスにおける成長戦略の１つと位置付け、多くの地域振興策を実施してきました。しかしながら、こうした安倍政権のスタンスは、地方の衰退が予想以上に激しいことの裏返しでもあります。

昨年、アベノミクスによって地方の衰退が加速しているという毎日新聞の記事が、大きな話題となりました。これは、前項の格差のところで取り上げたジニ係数を自治体間の比較に応用したものです。

同紙によると、自治体の平均所得を元にしたジニ係数は、小泉元首相が構造改革を進めた２００４年から２００６年に大きく上昇したものの、リーマン・ショック後の２００９年にはいったん下落し、民主党政権下では横ばいが続いていました。その後、アベノミクスがスタートしたことで、２０１３年にジニ係数が7年ぶりに大きく上昇したと記事は指摘しています。

ただ、この格差拡大の原因は、先ほどの所得格差拡大の問題と同じで、そのほとんどが株式など資産価格の上昇によるものです。**資産価格を考慮に入れなかった場合、所得がもっとも高い地域が低い地域の何倍かという数字は、２０１０年と２０１３年でほとんど違いがありません。**

ただ、格差が拡大していないとはいえ、首都圏と地方では稼ぐ力の絶対値に大きな違いがあります。**東京都港区における資産価格上昇分を除いた平均所得は約850万円ですが、所得がもっとも低い地域では190万円程度**しかありません。地方には物価が安いというメリットがあるものの、表面上の〝稼ぐ力〟という意味では、かなりの基礎体力差が存在しているのです。

地方からは衰退を何とか食い止めてほしいという声が寄せられており、これに対応するために打ち出されたのが「ローカル・アベノミクス」という施策です。

ローカル・アベノミクスという言葉は、2014年6月に政府が策定した経済財政運営と改革の基本方針（いわゆる「骨太の方針」）に盛り込まれ、翌年の6月に具体策が閣議決定されました。

具体的な項目としては、地方における雇用の確保、地方移住の推進、少子化対策、地域拠点の整備の4つで構成されています。つまり、地方に仕事を作り出すことで、都市部から地方へという人の流れを確保し、これに少子化対策を加えることで、持続的な地方経済の成長を促すという仕組みです。

ローカル・アベノミクスの基本的な考え方は、日本政府が一貫して実施してきた、東京から地方に富や人を分散させるという方針に沿った政策と考えてよいでしょう。ただ、こうしたやり方には限界があるのも事実です。日本の人口減少はある程度抑制することはできても、その流れを逆転させることは難しいからです。

人口減少社会においては、人々が近い地域に集まって暮らしたほうが、コストが安く効率的です。北海道は札幌に、東北は仙台に、九州は福岡に拠点集約されるというのが自然な流れでしょう。東京も1つの地方と考えれば、周辺地域から都心に人が集まってくることになります。

おそらく今後の地方創生は、多額の予算を地方にまんべんなくバラ撒き、現状の生活をすべて維持するという形ではなく、地域ごとに拠点集約を進め、自立的な経済圏を作る方向性に変わっていくはずです。**一部の地方自治体は拠点自治体に集約される形で消滅することになる**かもしれません。

人口減少という流れは、進みを遅くすることはできても逆転は困難、という前提で見立てが必要！

Changing Economy 09

政府による統制は強まっていくのか？

アベノミクスまでの常識

政府による企業活動への
干渉が強まることにより、
産業界の体質が改善される

＜

ポスト・アベノミクス時代の常識

政府による統制が
さらに強まる可能性が高く、
長期的にはその弊害が
拡大する恐れあり

２０１６年６月、石油業界に激震が走りました。**石油元売り大手である出光興産の創業家が、同月に開催された同社の株主総会において、昭和シェル石油との合併に反対**する方針を明らかにしたからです。

この話がやっかいなのは、合併話そのものが、事実上、政府からの要請に基づくものだからです。

出光は創業家が株式の約34％を持つ典型的なオーナー企業で、「社員は家族」であると標榜。外部からの干渉を嫌い、以前は株式の上場すらしていませんでした。石油元売り業界は、国内の需要低迷や原油価格の下落などによって、業績が低迷しています。本来であれば、市場メカニズムによって自発的に経営統合や合理化などの動きが出てきてもよいのですが、業界の動きは鈍く、生産過剰の状態が長く続いてきました。

これに業を煮やした経済産業省は、「エネルギー供給構造高度化法」に基づき、２０１７年３月末までに設備削減や製油所再編を行い、処理能力を約１割削減するよう石油業界に要請しました。つまり**上からの改革**です。

産業の仕組みをどのように変えていくのかということについては、様々な考え方があります。経済産業省（旧通商産業省）は戦後一貫して、政府主導の産業政策を提唱してきましたが、その結果はあまり芳しいものとは言えませんでした。通産省主導の国家プロジェクトは多くが失敗に終わっているからです。

しかし、1990年代に入り、同省は市場メカニズムを軸に企業の競争を促進するという米国型の政策に方針を転換。ベンチャー投資に関する法体系を整備するなど、一定の成果を上げました。また企業に対しては、市場原理をベースに事業再編や新規事業への参入を促すようになったのです。

しかし、こうした経済産業省の方針に対して、企業側の反応はかなり鈍いものでした。経産省は電機業界などに対して、大規模なリストラやM&Aを実施するよう非公式に打診してきましたが、企業側の抵抗によってほとんど実現していません。

経産省には、このままでは日本の製造業の競争力は低下するばかりという苛立ちが募っていました。**安倍政権は財界に異例の賃上げ要請を行うなど、企業に対する干渉が強いという特徴がありますが、経済産業省も方針を再転換し、かつてのように国家主導で産業政策を推進する傾向を強める**ことになりました。その手始めが石油業界というわけです。

日本の産業界がだらしないという経産省の苛立ちは正論かもしれませんが、仮にそれが本当だとすると、そのような**アニマルスピリットを失った産業界を作ってきたのは、ほかならぬ護送船団方式を主導してきた政府自身**です。

政府主導の業界再編は経産官僚の〝八つ当たり〟にも見えますが、一方で、公務員の処遇ばかりが優遇される中、民間だけがリストラという痛みを背負うのはゴメンだという企業側の意識も理解できなくはありません。このような状況こそが、まさに日本の構造的な問題と言ってよいでしょう。

本来、企業というのは自発的に体質改善を行って市場で生き延びていくものですが、今の日本企業にはあまり期待できません。ポスト・アベノミクスの時代においては、国家による産業統制はむしろ強化されていくでしょう。**上からの改革は、短期的に効果を発揮するかもしれませんが、長期的には弊害が大きくなってくる**はずです。

あくまで短期的な視点だが、政府からリストラの対象として指定された業界の収益力は上昇が期待できる！

TPPはどうなるのか？

主導者である米国とともに、TPPを強力に推進する

米国の状況がどうなろうと、TPP推進という基本的な流れは変わらない

長期にわたる激論の末、2015年末、TPP（環太平洋パートナーシップ協定）が大筋で合意となりました。TPPに関しては国内に様々な意見があり、現在でも十分なコンセンサスが得られているとは言い難い状況です。

しかも米共和党の大統領候補者であるドナルド・トランプ氏はTPPに反対する姿勢を打ち出し、民主党のクリントン候補も基本的に否定的な見解です。**米国がTPPを批准しない、あるいは修正を加えるという事態になった場合、日本国内でもTPPに関する議論が再燃してくる**ことが予想されます。

安倍政権はTPPを重要な政策として位置付けてきましたが、これについては根強い反対意見があり、あまり冷静に議論されているとは言えない状況です。TPPについては、メリットとデメリットをしっかり整理しておくことが重要でしょう。

TPPに代表されるような自由貿易協定とは、加盟国間の取引において、原則として関税を撤廃し、同じルールで貿易を行うための取り決めということになります。

背景にあるのは、経済学における**「比較優位」**という理論です。

各国には得意なことと不得意なことがあり、1つの国ですべての産業を育成するのではなく、各国が得意な分野に集中し、足りない分は輸入でカバーしたほうが全員にとってメリットがあるという考え方です。

比較優位については、しばしば、相手国と比較してより得意な産業に特化することと誤解されますが、そうではありません。**相手国に対して強い弱いというのは絶対優位**のことを指しており、比較優位とは呼びません。**比較優位というのは国内の産業の中でより得意なものにシフトするという意味**です。

もし日本が農業よりも製造業が得意なのであれば、仮に米国より製造業が弱くても製造業に特化したほうがメリットが大きいと考えます。

ＴＰＰもこうした考え方に立脚して作られており、各国がそれぞれ得意な分野にシフトすることを促すシステムと理解してよいでしょう。日本は製造業では圧倒的な強みを持っていますが、製造業と比較すると農業の競争力は低いと言わざるを得ません。**ＴＰＰのメリットを最大限活用するなら、製造業をより強化したほうがよいという結論になる**わけです。

経済学的に考えれば、このような話になるのですが、事はそう単純ではありません。比較優位であることが分かっていても、企業がビジネスモデルを迅速に切り替えたり、労働者が仕事を変えることは容易ではないからです。各国は、可能な範囲で分業を行うということになるので、現実には得する国と損する国が出てきます。

一概には言えませんが、経済規模が大きく、産業構造が柔軟で、雇用の流動性が高い国は、ＴＰＰという枠組みの中で有利に振る舞うことができます。具体的には、**米国のような国がＴＰＰを締結するメリットがもっとも大きい**ということになるでしょう。

日本も米国ほどではありませんが、メリットが大きい側に入ります。

ＴＰＰ圏内における日本と米国のＧＤＰは全体の８割に達しており、両国を合わせれば圧倒的な経済規模です。日本は相対的に付加価値の高い産業が多く、途上国に比べて産業選択の余地が大きいと考えられます。

こうした状況から**産業界におけるＴＰＰ参画への要望は強く、米国のスタンスにかかわらず、日本はＴＰＰを推進する**可能性が高いでしょう。この流れはポスト・アベノミクスでも大きくは変わらないと思われます。

ＴＰＰ時代に備えて日本企業は、より付加価値の高いビジネスにシフトするのが重要！

Changing Economy 11

どうすれば消費は伸びるのか?

金融政策の効果で
消費は拡大する

日本の消費は今後、
さらに引き締まる可能性が高く、
家計はそれを前提に行動すべき

２０１６年4～6月期のＧＤＰは、物価の影響を除いた実質でゼロ成長となってしまいました。石原経財相は「4月の熊本地震で消費者マインドに足踏みが見られた」との見解を示しましたが、多くの人はそうではないことを実感しているはずです。このところ、**日本の家計は相当厳しい状況に追い込まれており、消費を増やす余力がほとんどなくなっているのが現実**です。

家計調査の結果を見ると、家計の経済状況が苦しいことは一目瞭然です。２人以上の世帯における実質消費支出は、過去2年間、多くの月で前年割れとなっています。つまり、**家計の消費は減り続けている**のです。

家計の苦しさは、思わぬところにも影響を与えています。

２０１５年秋、安倍首相が突然「日本の携帯電話は高すぎる」と発言。業界は大騒ぎとなりました。総務省では有識者会議を開き、料金の見直しに着手することになったわけですが、携帯電話の料金にはかなりの誤解があります。

日本の携帯電話料金は不透明であり、利用者目線になっていないことは確かなのですが、国際的に見て不当に高いのかというとそうではありません。総務省が行った内外価格差調査によると、同一条件下での通信料金は、ニューヨークが１万６０１円、東京が７０２２円、パリが４９１１円、ロンドンが７２８２円でした。では安倍首相の発言はまったく根拠のないものなのかというと、そうとも言い切れません。

家計における通信費の割合は年々上昇が続いており、２０１５年は通信費が全体の４・４％を占めるまでになっています。15年前の調査では約３％だったことを考えるとかなりの上昇です。

通信費の割合が上昇しているのは、スマホの普及でネット接続料金が増加していることもありますが、家計が苦しくなり、支出総額が減っていることの影響が大きいと考えられます。

家計の支出が減っている最大の理由は、すでに本書でも何度か指摘していますが、実質賃金が減っていることです。賃金の絶対値は上がっても、物価の上昇に対して賃金が追い付いていません。

これに加えて、もう1つ隠れた要因があります。それは**社会保障費の負担増**です。よく知られているように、日本の社会保障制度では、サラリーマンの社会保険料の半額は会社が負担してくれる仕組みになっています。

たとえば、年間の収入（給与と賞与）が５００万円の人は、現在、約90万円の年金保険料を納めており、この金額を個人と会社で折半しています。しかし、年金財政が苦しくなっていることから、年々、負担が増加しているのです。

第2次安倍政権が実質的にスタートした２０１３年には、このケースにおける年金保険料は年間約85万円でした。年収５００万円の人が、２年連続の２％賃上げによって年収が約５２０万円に上昇した場合、年金保険料は約95万円となり、個人負担分は約５万円増加することになります。**賃上げされた分は20万円ですが、保険料率の上昇などで約5万円が打ち消され、実質的には15万円しか手取り収入は増えない**計算です。

これは年金だけの数字なので、医療や介護などを含めると、さらに少ない金額になる可能性が高いでしょう。

保険料率の一方的な上昇は２０１７年でいったんは打ち止めとなりますが、年金財政は危機的な状況であり、今後さらに料率が上がる可能性も否定できません。

目指すべきは、節約よりも不必要な支出をなくすこと。欲しいものの8割は不要という説もある！

Changing Economy 12

「爆買い」は日本経済を今後も支えていくのか?

外国人観光客誘致は国策で、
主に中国人による「爆買い」は
経済成長の原動力となる

お金の落とし方の質は
爆買いとは変わっていくが、
中国人観光客の訪日は今後も続く

これまで日本の消費を支えてきた外国人観光客による「爆買い」が、踊り場に差し掛かっています。日本百貨店協会が発表している全国百貨店売上高概況では、２０１６年に入ってから、売上高が前年比でマイナスになる月が目立つようになりました。２月はわずかにプラスだったのですが、これはうるう年の影響なので、それを除くと、５月時点において５カ月連続のマイナスです。

外国人による爆買いは、２０１５年をピークに横ばいが続いているのですが、外国人観光客の人数自体は増加しています。これは、外国人観光客があまりお金を落とさなくなっていることを意味しています。

香港や台湾も含めると、外国人観光客の約７割が中国人ですから、外国人が落とすお金の額は中国経済に大きく依存していると言えます。このところ中国経済が失速したことで、湯水のようにお金を使う富裕層の数が減少しました。これが１人当たりの消費額を減らしていると考えられます。

中国経済は〝構造不況〟とも言うべき状況となっており、すぐに景気が回復する見込みはありません。では、このまま爆買いはなくなってしまうのかというと、筆者はそうでもないと考えています。

中国は豊かになったとはいえ、経済の成熟度はまだまだであり、見方によっては1980年代の日本の水準にも達していません。

2015年における中国の1人当たりGDPは約7989ドルと日本の約4分の1程度の水準です。日本における1人当たりGDPが現在の4分の1だったのは1970年代前半ですから、**中国経済は日本のバブル時代よりもさらに一時代前に位置している**ということになります。

日本人が本格的に海外旅行に行くことができるようになったのは、実はつい最近のことです。1960年代に外貨の持ち出し規制が撤廃されるまで、日本人は自由に海外旅行することができませんでした。つまり、**数年前の中国人と同様、50年前までは日本人にとっても海外旅行は特別なことだった**のです。

多くの日本人が海外に行けるようになったのは、1970年代以降であり、円高が進んだ1980年代になって、ようやく海外旅行が当たり前のものとなりました。これに伴って海外旅行者の姿も大きく変化していきます。

当初はごく限られた富裕層だけでしたが、徐々に中間層に拡大し、80年代には、ごく普通の日本人がブランド物を買い漁るようになります。当時の日本人の下品な振る舞いは、世界各地で顰蹙《ひんしゅく》を買っていましたが、この光景は物欲丸出しの今の中国人観光客とイメージが重なります。

しかし90年代に入ると、ブランド買い漁りという光景は目立たなくなり、バックパッカーのような格安旅行を好む若者が増えてきます。さらに2000年代になると海外に対する特別な意識はほぼ消滅しました。

現在の中国が日本の1970年代なのだとすると、中国も日本と同じような経過をたどる可能性は高いと考えられます。**富裕層は日本に来なくなりますが、逆に中間層の訪日客は増える**可能性があるわけです。

その意味で外国人観光客にはまだまだ期待できますが、これまでのような爆買いを望むのは間違っています。あくまでもビジネスですから、顧客の属性やニーズに合わせて商品やサービスを変えていくのは当然のことです。

日本の「おもてなし」は、ややもすると一方的。顧客のニーズを捉えることこそ大事！

日本の財政は健全化できるのか？

Changing Economy 13

アベノミクスによる高い経済成長で財政問題は解決可能

＜

消費増税の再延期もあり、財政再建目標はほぼ実現不可能

安倍首相は、２０１７年4月に予定していた消費税増税の再延期を決定しました。**消費増税の再延期はポスト・アベノミクス時代に入ったことを象徴する出来事**と言ってよいでしょう。その理由は、今回の決定によって、**日本政府の財政再建目標の実現がほぼ不可能となり、日本の財政戦略が根幹から揺らぐ可能性が出てきた**からです。

政府が財政再建目標をわざわざ公約として掲げてきた理由は、日本政府の債務比率が他国と比べて突出して高いからです。

政府債務がどの程度の水準であれば妥当なのかについて、明確な答えがあるわけではありませんが、そうであるが故に、各国との比較には大きな意味があります。

日本の政府債務のＧＤＰ比は、資産との相殺を行わないグロスの数値で約２５０％（ＩＭＦ調べ）と先進国の中では突出して高くなっています（ちなみに米国は約１００％、ドイツは約70％です）。

国内では日本政府は資産をたくさん持っているので大丈夫という議論がありますが、**資産との相殺を行ったネットの数値においても日本の政府債務比率は突出**しています。さらに言えば、政府が保有しているという資産の中身も重要です。確かに日本政府は９３０兆円の資産を保有していますが、この中で換金性の高い資産はあまり多くありません。地方自治体や独立行政法人に対する貸付け、固定資産などの多くは実質的に価値がないと思ってよいでしょう。**単純に資産を持っているから大丈夫という議論には少々無理がある**のです。

政府債務の絶対的な適正水準がなく、相対的に判断されるという現実を考えた場合、日本政府が財政再建目標を事実上放棄することは、将来的に大きなマイナス要素になると考えられます。

もっとも、財政再建目標を放棄したからといって、すぐに大きな問題が発生するわけではありません。量的緩和策が継続する限り、日銀が大量の国債を買い入れるため、国債の価格は下がらないからです。また順調に経済が成長すれば、相対的な債務水準は減少しリスクは低下することになります。しかし、**成長が鈍化し、さらに、日銀が量的緩和策の停止に追い込まれるような事態になった場合には、日本国債には大きな売り圧力が生じることになる**でしょう。

市場関係者の中で、日本国債が暴落して紙くずになると考えている人などほとんどいません。しかし、近い将来、国債の金利が上昇すると考える人はかなりの割合に達します。**ポスト・アベノミクス時代に私たちが警戒すべきなのは、国債が紙切れにな**

るといった極端な話ではなく、金利の上昇リスクなのです。

現在、日本政府は平均すると１・25％の利子率で国債を発行しています。しかし、これだけの**低金利が続く現状でも、一般会計予算に占める利払い費の割合はすでに10％を超えています。**

もし日本国債の金利が７％に上昇した場合、単純に２０１５年度予算に当てはめると利払い費は56兆円を超えることになります。同年度における税収は約55兆円ですから、**利払い費だけで税収を上回ってしまう**計算です。金利が上昇したからといって、すぐにこのような事態に陥るわけではありませんが、理屈上は、金利が数％上がっただけで、超緊縮財政を余儀なくされるというのが現実です。

金利の上昇は今すぐには起きないでしょう。しかし、日本経済の停滞がこのまま続き、財政再建が進まない場合、いつかはこうした局面がやってくることになります。

日本国債が紙切れになるような事態は考えられないが、金利上昇リスクはかなり高いので要注意！

新しい常識

第2章

世界経済の

Changing Economy 14

世界経済はどう変化していくのか？

リーマン・ショックによって
米国がリードする図式は終わった

これまで同様、
米国の消費を軸に
世界経済は動いていく

日本は今も昔も貿易立国ですから、世界経済の動向に常に左右されます。今後の日本経済を考える上で、世界経済に対する理解は欠かせません。

過去20年間、世界経済は1つの大きな枠組みの中で回ってきました。それは米国の消費が世界を牽引するという図式です。**この仕組みを後押ししてきたのが、経済のグローバル化と新興国の発展**です。ここは非常に重要ですから、よく覚えておいてください。

米国経済の基礎となっているのは、旺盛な個人消費です。

２０１５年における米国の名目ＧＤＰは、17兆９４７０億ドル（約１８５０兆円）という途方もない金額ですが、このうち個人消費が占める割合は約7割に達しています。基本的に米国経済は個人消費で回っている国と言えるのです。日本における個人消費の割合は約６割程度ですし、米国のＧＤＰは日本の3倍以上ありますから、米国の消費がいかに大きいのかが、お分かりいただけると思います。

米国はこの旺盛な消費に対応するため、たくさんのモノを外国から買っています。安価で付加価値の低い商品は国内で製造せず、新興国から安く調達したほうが得だからです。米国は基本的に買う一方ですから、米国の経常収支は過去20年間、常に赤字が続いてきました。よく言われていることですが、このような状況で、**米国が何の問題もなく経済運営を続けられるのは、経常赤字を補って余りある投資が海外から流入しているから**です。

米国人は消費を楽しみ、コストが安いモノは海外からバンバン調達します。これによって国際的な分業が進み、アジアを中心とした新興国には米国から大量のドルが流れ込むことになりました。一方で米国は世界最大の金融市場ですから、対米輸出で儲けたアジア各国は、手に入れたドルを米国債や米国株などに再投資します。新興国に渡ったドルは結局、米国に戻ってきますから、米国はドルが垂れ流しになって困ることはありません。

この傾向はリーマン・ショック前にピークを迎えました。２００６年における米国の経常赤字が８０６７億ドル(約82兆円)と過去最大となったのです。リーマン・ショックを境に、米国は消費を少しだけ抑制するようになり、その結果、経常収支は大幅に改善しました。しかし、米国が外国からたくさんモノを買い、支払ったドルが投資という形で米国に還流されるという流れは大きく変わっていません。つまり**リーマン・ショックが起きても、世界経済の仕組みは大きく変わらなかった**のです。

こうした米国の消費のあり方については、持続不可能であるとの声も聞かれます。しかし、筆者は米国経済の先行きについて、あまり悲観していません。その理由は、米国のＧＤＰが拡大したことで、経常収支が経済に与える影響が相対的に小さくなっているからです。私たちの感覚で40兆円の経常赤字と聞くと大変な数字に感じます。しかし米国は大国ですから、経済規模もケタ違いです。先ほど、**２０１５年のＧＤＰは１８５０兆円だと説明しましたが、この中で経常赤字が占める割合は３％以下**です。米国内で生み出される付加価値は極めて大きく、この仕組みが簡単に壊れてしまうことはないでしょう。

ただ景気には循環というものがあり、いつまでも好景気が続くわけではありません。また、米国が政治的に内向きになり、あまり外国のことを考えなくなる可能性も高まっています。このあたりについては、後ほど改めて解説しましょう。

米国の経済規模はケタ違いであり、日本の感覚で判断してしまうと、状況を見誤るので注意！

Changing Economy

15

米国経済はいつまでもつのか?

米国経済はそろそろピークアウトする

米国の景気はいつピークアウトしてもおかしくないが、それが深刻な景気後退に結びつくとは限らない

世界経済が米国の旺盛な消費で回っていることがお分かりいただけたかと思いますが、これは裏を返せば、米国の消費が続かなければ、このメカニズムも維持できないことを意味しています。

先ほど説明したように、米国経済の基礎的な状況は悪くありませんが、いつまでも好景気が続く経済というものは存在しません。**このところ市場関係者が気にしているのは、米国がそろそろリセッション（景気後退）入りするのではないかという点**です。

ＯＥＣＤ（経済協力開発機構）が作成している景気先行指数を見ると、米国の景気は数年ごとに循環的な動きを示していることが分かります。直近の景気の底は２００８年のリーマン・ショックなのですが、そこを起点にすると２０１６年で丸８年ということになりますから、そろそろ景気後退期に入ってもおかしくないわけです。

実際、**景気先行指数の数字は２０１５年以降、低下してきており、米国の景気はピークアウトしたと見る専門家も増えています。**しかし、米国の景気がピークアウトしたからといって、深刻な景気後退に陥るとは限りません。

米国の景気が大きく落ち込み、しばらく回復することができなかった時期は、70年代のスタグフレーション（景気停滞と物価上昇が同時に起こること）などごくわずかです。今回、仮に米国経済がピークアウトしたとしても、その後、どのように景気が推移するのかについては、しばらく様子を見る必要があるでしょう。

前述のように米国の消費は基本的に旺盛であり、しかも**米国は、先進国では唯一、人口が増えている国**です。消費についてはそれほど悲観する必要はないと思われます。ただ、原油価格の動向には少し注意を払う必要があるかもしれません。

なぜなら、米国経済は原油との関係性が密接だからです。

米国、欧州、日本といった先進国は、合計すると1日あたり約3600万バレルの石油を消費しており、これは全世界の消費量の4割に相当します。原油価格は100ドルから50ドル以下に下落しましたから、単純計算で、年間約100兆円近くの富が産油国から先進国にシフトしている計算です。

米国は世界でもっとも石油を消費する国ですし、米国人は、とにかくたくさんクルマに乗りますから、原油安は消費者にとっては恩恵となります。

市場では、多少の誇張がありますが「原油価格が1ドル下がると、個人所得が1％増える」とまで言われていますし、原油価格が下がった日に米国の7時のニュースを見ると、「テレビをご覧の皆さん！　朗報です！」といった調子です。**原油価格下落**

に対する、こうしたポジティブなマインドは、実体経済にも少なからず影響を与えているると考えられます。

もっとも米国は世界最大の石油消費国であると同時に、世界最大の石油産出国でもあります。原油価格があまりにも下がりすぎてしまうと、石油関連産業にとっては痛手となってしまうでしょう。しかしトータルで考えれば、原油価格が安めに推移するほうが、米国経済にとってはメリットが大きいはずです。

原油価格については現在の水準が継続すると見る専門家が多いですから、米国経済もそれなりの水準を維持できるかもしれません。

このほか、賃金の上昇による企業業績の悪化やインフレの進行など懸念材料もありますが、深刻な景気後退になるとまで言い切れる状況ではありません。もうしばらく様子を見ることが必要であり、今の段階で判断を下すのは早計でしょう。

現実問題として、日本経済は米国経済に大きく依存しているので、米国経済については、もっと現実的で冷静な判断が必要！

米国は内向きになっていくのか？

米国は国際秩序の中心を形成し、国際的な問題に積極的に関与する国

＜

米国は他国に関与しない「引きこもり」国家である

２０１６年の米大統領選挙は、共和・民主両党とも候補者指名をめぐって大混乱となりました。特に共和党のトランプ候補の差別的な発言から、米国が大きく変わってしまうのではないかと危惧した人も多かったようです。

ただ、イスラム教徒や移民に対する過激な発言を除外した形でトランプ氏の発言を聞いてみると、興味深いことが分かります。オバマ大統領とトランプ氏は正反対の存在に見えますが、実は両者には共通項が多いのです。

ではトランプ氏は、具体的にどのような政策を掲げてきたのでしょうか。

共和党大会後、トランプ氏は現実主義的なスタンスにシフトしましたが、それまでのトランプ氏は、社会保障制度の拡充や富裕層への増税、関税引き上げなど、従来の共和党の政策と真っ向から対立する政策を強く訴えていました。**トランプ氏の主張は、むしろ民主党のそれに近かった**と言っていいでしょう。

さらに興味深いのは外交政策です。

共和党は、中東問題をはじめとする国際問題に対して積極的に関与すべき、と主張する政治家が多数派を占めています。こうした傾向は、実は民主党でもあまり変わりません。ベトナム戦争を主導したのはケネディ政権ですし、クリントン政権も旧ユーゴスラビアへの空爆を強行するなど、国際問題に積極的に関与しました。**現代米国において、積極外交というものは、党派を超えた主流派の価値観**と見てよいでしょう。

ところが、こうした党派を超えた価値観とは正反対の方向性を打ち出した大統領がいました。それがオバマ氏です。

オバマ氏の本質的な外交スタンスは「孤立主義」にあります。オバマ氏は従来の政策との継続性を考慮しつつも、折に触れて、中東問題には関与せず、米国は単独でやっていけばよいという方向性を打ち出してきました。

実際、オバマ氏はシリア問題に対しては頑ななまでに積極関与を嫌ってきましたし、史上最大規模の軍縮を行い、中東から多数の米軍を撤退させています。また、以前からある程度計画されていたこととはいえ、沖縄に常駐する海兵隊の兵力を大幅に減らし、グアム撤退を加速させたのもオバマ政権です。

実は、トランプ氏の主張にもこうした孤立主義的な傾向が見て取れます。日米安保条約の見直しに言及したのは、そのよい例でしょう。

一見、正反対に見えるオバマ大統領とトランプ氏に、ここまでの共通項が存在しているのは、米国をとりまく環境が大きく変わったことと深く関係しています。

米国は２０１４年、サウジアラビアを抜いて、世界最大の石油生産国に躍り出ました。天然ガスなどを含めたエネルギー全体で見た場合、米国は近い将来、ほぼすべてのエネルギーを自給できる見通しです。つまり、数字の上では**中東の石油に依存する必要がなくなっている**のです。

米国は世界最大の食糧生産国であり、そしてエネルギー生産国でもあります。しかも、国内には巨大な消費市場が存在しています。

米国はもともと孤立主義的で、外国に高い関心を寄せる国ではありませんでしたが（モンロー主義＝欧米相互不干渉を唱えた第５代大統領モンローにちなむ）、**エネルギーの自給がその傾向を加速させている**ようです。誰が大統領になるにせよ、こうした「引きこもり」的な感覚は、ますます顕著になりそうです。貿易も保護主義的になりますから、日本の輸出産業にとっては逆風となるかもしれません。

トランプ現象の本質は、エネルギーの自給と関係しており、誰が大統領になっても内向き傾向が強まる！

英国のEU離脱は何をもたらすのか?

Changing Economy 17

英国がEUを離脱すると
英国自身が
もっとも深刻な影響を受ける

英国のEU離脱により、
EU側の企業が打撃を受ける

２０１６年６月に実施された英国の国民投票において、事前の予想を覆す形でＥＵ離脱派が勝利を収めました。市場では英国の離脱をきっかけに、世界経済が景気後退に陥るのではないかとの懸念が高まっています。

筆者は、今のところ、英国のＥＵ離脱が深刻な経済危機を引き起こすとまでは考えていません。ただ、一連の出来事は、欧州の経済秩序を大きく変えるきっかけにはなると考えています（これについては後述します）。また**経済的な影響があるとすると、それは英国側ではなく、むしろＥＵ側で大きくなる**可能性もあります。

英国のＥＵ離脱が企業活動に与える影響は、各企業がどのように欧州市場や英国市場にかかわっているのかによって大きく変わってきます。**もっとも影響が大きいのは、ＥＵ域内の広範囲にわたってサプライチェーンを構築している企業**でしょう。

たとえば、欧州を代表する航空機メーカーであるエアバス社は、サプライヤーなどを含め、欧州各国に多数の拠点を保有しています。最新鋭機であるＡ３５０の主翼を製造する工程だけでも、ＥＵ内の数カ国にまたがっています。

一連のサプライチェーンの中で英国の果たす役割は大きく、もし英国とＥＵとの間で関税がかかるような状況となれば、エアバス社のサプライチェーンは再構築を迫られます。これは英国にとっても痛手ですが、より影響が大きいのは欧州大陸のほうでしょう。では、英国側はどうでしょうか。

英国は外国企業の積極的な誘致によって経済を成り立たせている国であり、こうした進出企業が今後、どう動くのかによって英国経済の将来が決まります。英国に積極進出している日本企業として、よく知られているのは日立製作所でしょう。

同社は英国を拠点に、将来的には欧州全域への展開を狙っていました。その意味では、EUと英国との間に関税が生じた場合には、当初の目算が狂ってしまうことになります。当然といえば当然ですが、日立の東原社長は当初から英国のEU離脱に反対する姿勢を鮮明にしていました。

では、英国のEU離脱をきっかけに日立のような外国企業は、皆、英国から逃げ出すのでしょうか。実は、必ずしもそうとは限りません。

たとえば、日立の英国でのプロジェクトは、英国運輸省の都市間高速鉄道計画に対応したものであり、そのスキームもかなり特殊です。日立と現地のゼネコンが特別目的会社を設置し、英国の運行会社に車両をリースする形式になっています。

つまり、日立の英国進出は、英国政府とガッチリ組んだ形でのプロジェクトであり、欧州全域でのサプライチェーンが構築されているというわけではないのです。同社への影響が出てくるとしてもかなり先のことであり、その間に、同社が戦略を練り直す時間はたっぷりあるでしょう。

日立のような外国企業が英国に進出する理由は、EUへの玄関口という意味もありますが、もっとも大きいのは英国が資本誘致に積極的で税金が極めて安いことです。

英国の法人税の実効税率は20％ですが、これは米国の41％、フランスの33％、ドイツの30％と比較するとかなり安く、とりあえず欧州の拠点として税金の安い英国に進出したという企業も多いはずです。

英国は今回の離脱を受けて、法人税をさらに引き下げる検討に入りました。

過度な楽観は禁物ですが、EU離脱が即、英国の衰退につながるわけではありません。むしろ影響が大きいのは、EU側の大手企業のほうでしょう。

法人税の引き下げなどあの手この手で、英国はEU離脱の影響を最小限に食い止める！

EUは瓦解するのか?

Changing Economy

18

英国の離脱により、
EUは瓦解への道を歩む

政治的な欧州統一は挫折したが、
欧州単一市場という
経済的な流れは不変

引き続き、英国のＥＵ離脱問題について考えます。

多くの人は、ＥＵへの加盟というのは〝ゼロかイチか〟の二者択一とイメージしていますが、必ずしもそうとは限りません。英国とＥＵとの交渉は、もっと複雑なものになるでしょう。

ＥＵと各国とのかかわり方については、貿易、法制度、予算、通貨という４つの項目に分けて考える必要があります。この４項目すべてについて、共通のルールを受け入れているのが、フランスやドイツ、イタリアなど、ＥＵに属し、かつ共通の通貨である「ユーロ」を採用している国々（ユーロ圏）です。

ユーロ圏各国は、一部の国を除けば、人、モノ、資本の移動が完全に自由であり、同じ通貨と法制度を採用しています。言語が異なるという点を除けば、違う国と認識せずにビジネスや生活ができます。ユーロ圏の国は、ある意味もっとも欧州らしい国と考えることができるでしょう。

しかしながら、**ユーロ圏に属している国は、実はＥＵに加盟する28カ国中19カ国**しかありません。

英国はよく知られているように、ポンドという独自の通貨を持っており、ユーロ圏には属していません。つまり英国は、当初からＥＵとの距離を保っている国なのです。そう考えると、英国がＥＵを離脱することは、フランスやドイツといったユーロ圏の国が離脱することに比べると、それほどのインパクトはありません。

またＥＵとのかかわり方は様々であり、**離脱となった場合でも交渉の結果次第では、英国は引き続きＥＵとの関係を維持することも可能**です。参考になるのはノルウェーのケースでしょう。

ノルウェーはＥＵそのものにも加盟しておらず、当然のことながら独自通貨であるクローネを採用しています。

ではノルウェーはＥＵと完全に距離を置いているのかというと、そんなことはありません。ノルウェーは、ＥＵとの間で、人、モノ、サービス、資本の自由な移動を認めており、限りなくＥＵメンバーに近い関係を維持しています。

しかも、**ノルウェーはＥＵに加盟していないにもかかわらず、ＥＵの負担金まで一部拠出**しています。人やモノの行き来が自由で予算も拠出し、法制度も共通ということになると、ノルウェーは独自通貨を持っているだけで、事実上、ＥＵ加盟国と言っていいでしょう。

ノルウェーがこのような形でＥＵと付き合うことができるのであれば、英国とＥＵが似たような関係を構築することも不可能というわけではありません。

もちろん、ＥＵを一方的に離脱しながら「いいとこ取り」をしようという英国のワガママを、ＥＵ側が受け入れる保証はないでしょう。しかしながら、**ＥＵ側には英国に対してあまり強く出られない事情があります。それは英国との輸出入**です。

英国はＥＵ各国に約20兆円を輸出している一方、ＥＵ各国から30兆円を輸入しており、ＥＵにとっては完全な輸出超過です。つまり、**ＥＵにとって英国は最大の「お客様」であり、簡単に失うわけにはいかない市場**となっているのです。

確かに**英国のＥＵ離脱によって、欧州統一国家という壮大な政治的野望を実現することはほぼ不可能**となりました。しかし、欧州各国の関係はもともと複雑ですから、利害が絡み合いながら、現実的な解決策が模索されることになるでしょう。

欧州人は非常に現実主義的で交渉好き。英国との関係も現状維持をうまく模索する可能性大！

Changing Economy

19

中国経済は崩壊していくのか?

中国の成長は頭打ちとなり、経済は崩壊への一途をたどる

中国は内需中心経済へと転換し、人民元経済圏が出現する可能性もある

２０１５年、中国経済の失速懸念が世界市場を混乱させました。とりあえず、状況は一段落しましたが、中国が抱える問題が根本的に解決されたわけではありません。今後も中国の景気後退は、世界経済のリスク要因であり続けるでしょう。

中国はこれまで、「世界の工場」として繁栄を謳歌してきました。**中国の基本的な産業構造は、素材や部品を外国から輸入し、最終製品に加工して輸出するというもので、これは高度成長期の日本とまったく同じ**です。安い人件費を武器に大量生産を行い、製品を各国に輸出してきたわけです。

国内に目を転じれば、貧しい農業国から脱却するため、政府主導で各地に橋や道路、鉄道といったインフラを次々に建設しており、これが成長を支えました。中国のＧＤＰの中で設備投資に関する割合は50％近くに達します。インフラ投資を強化し、生産力を増強させて経済を拡大するというのは、新興国における経済政策の基本です。

しかしながら、過剰なインフラ投資が限界に達したことや、低コストを武器にした製造業がベトナムなど東南アジアの国々にシフトしたことで、中国の成長が頭打ちになっています。**これまでの歪みが一気に表面化したのが、一連の中国ショック**というわけです。

中国は、安価な労働力に頼った途上国型経済から成熟国家型経済への移行を模索しており、政府が中心となって、上からの構造改革を行っています。

しかし、これはあくまで中国国内の話であって、**世界経済全体から見れば、中国が世界の工場であるという図式は当分の間、変わりません。**中国は輸入した素材を加工して輸出する加工貿易の国であり、最終製品を購入する国ではないということを理解しておく必要があります。

中国はこれから時間をかけて、内需中心型の成熟経済に移行することになりますが、そのためにはしっかりとした金融市場を構築することが重要です。中国が人民元の国際化をとりわけ重視しているのは、そのような理由からです。

中国は人民元の為替相場を一定の範囲内でコントロールする「管理変動相場制」を導入しており、為替レートは事実上、中国人民銀行の管理下にあります。この状態では、自由な取引ができませんから、中国はできるだけ早期に人民元を自由化し、国際的な金融市場での流通シェアを高めなくてはなりません。

中国は、アジア地域における開発金融機関としてアジアインフラ投資銀行（ＡＩＩＢ）を設立しています。米国や日本が主導して設立されたアジア開発銀行と真っ向から対立する組織ですが、中国はこうした開発金融機関を通じてアジア地域を中心に、人民元の経済圏を拡大しようとしています。

一方で、**中国は英国の金融市場を通じた人民元の国際化も目論んでいます。**

当初、人民元の国際化は米国との交渉の中で実現していくというシナリオが濃厚でした。しかし、南シナ海問題で米中が対立し、人民元問題が一時的に棚上げされたことから、最近では英国との関係を強化しています。英国は、ＡＩＩＢに先進国として真っ先に参加を表明していますし、２０１５年、**習近平国家主席が訪英した際には、香港以外では初となる、人民元建ての国債をロンドンで発行することについて合意**しています。

人民元がある程度流通することになれば、ドル、ユーロに続いて、人民元という経済圏が出現する可能性も高まってくるでしょう。

英国は中国との関係強化を目論んでおり、英国のＥＵ離脱は人民元の国際化のきっかけになる可能性も！

Changing Economy 20

日米の経済関係はどうなるのか？

日本経済は常に
米国経済の動向に振り回される

日本経済が抜本的な
構造転換を実施しない限り、
米国依存という図式は
今後も変わらない

項目14でも述べたように、過去20年間の世界経済は、米国の消費経済の拡大とグローバル化の進展による国際分業体制の確立、そして、それに伴う新興工業国の発展という3つのキーワードで特徴付けられます。

欧州も似たような状況です。欧州の場合はＥＵとユーロ圏がその起爆剤となっており、これによって欧州は米国市場に次ぐ巨大市場に成長しました。巨大な経済圏を持つことは、世界経済の中で極めて有利に作用しますが、米国と欧州は、このメリットを最大限享受してきたわけです。

こうした仕組みは、二大経済圏に対して安価にモノを提供する新興国にもメリットをもたらすことになりました。その代表格は中国ということになりますが、中国は同じ期間でＧＤＰを15倍に拡大させています。

したがって、**過去20年間の世界経済を俯瞰的に見ると、最終消費地としての米国とそれに準じる欧州という巨大経済圏が存在し、ここにモノを供給する新興国が集まっているという図式**になります。米国にモノを提供する対価としてドルを受け取り、それを米国に再投資するマネー循環が成立していたわけです。

では、日本はこの中でどう位置付けられるのでしょうか。

日本も基本的には中国などと同様、米国にモノを提供する国として経済活動を行ってきました。安価な工業製品を提供する中国とは異なり、主力製品は付加価値の高い工業製品ですが、米国への輸出、もしくは米国市場での現地生産を経済の中心にしているという点では、大きく変わりません。

日本はバブル時代までは、米国に次ぐ巨大市場でした。

当時の日本では、米国からの政治的要請とはいえ、途上国型の経済から脱皮し、消費経済に移行すべきという議論が活発でした（当時、日本は工業製品を大量に米国に輸出しており、その影響で米国メーカーの倒産が相次いでいました）。年配の読者の方であれば、内需拡大策を提言した「前川レポート」という言葉を当時、よく耳にしたはずです。

しかし、日本は内需中心の消費経済には移行せず、製造業中心の産業構造を維持する道を選びました。引き続き工業国としてやっていく以上、大量に生産した製品を買ってくれる顧客が必要です。そこで日本は従来と同様、米国を最大の売り先とするビジネスを続けてきたわけです。

たとえば、**日本を代表する企業であるトヨタ自動車は、国内で約200万台のクル**

マを販売していますが、北米での販売台数は280万台と国内を大きく上回ります。

輸出か現地生産かという違いはありますが、日本の製造業が米国市場に依存しているという図式は今も昔も変わりません。

したがって、**米国の景気が好調だと、日本経済も好調になるという連動関係が成立する**ことになります。当然、円安になれば、円ベースでの見かけ上の売上げや利益が増加しますから、日本企業は増収増益となります。

リーマン・ショック前の米国のバブル経済の恩恵をもっとも受けたのは、ほかでもない日本でした。同じようにリーマン・ショックの影響をもっとも受けたのも、やはり日本だったわけです。

こうした図式は、リーマン・ショック後の今も、ほとんど変わっていないと見てよいでしょう。

日本経済は完全に米国経済に依存しており、しかもこの状態から脱却することに極めて消極的！

Changing Economy

21

日本経済は世界で勝てるのか?

基本的に経済はモノをたくさん
消費することで回っており、
貿易国である日本は
だから勝ち続けられる

これまでの豊かさを維持するためには、
国内の消費活動を活発化させる
必要がある

英国のＥＵ離脱や米国の内向き志向は、これからの世界経済にどのような影響を与えるのでしょうか。そして日本は、それにどう向き合えばよいのでしょうか。

非常に悔しいことですが、日本は自身の都合で経済のあり方を決められる立場ではありません。ポスト・アベノミクス時代を考える場合でも、世界の中での位置付けに大きく左右されてしまいます。

筆者は世界経済の先行きについて、それほど悲観していません。英国のＥＵ離脱や米国の内向き志向への変化はそれなりの影響を及ぼしますが、致命的状況には至らないでしょう。また、**中国の景気についても、厳しい状況が続くものの、今のところ〝クラッシュ〟といった危機的状況には陥らない**と考えています。

しかし一連の出来事は、これまで解説してきたような米国の消費に依存したグローバルな分業体制を、徐々に変化させるきっかけとなる可能性があります。そして、その変化を後押しするのはＩＴをベースにしたテクノロジーの進化です。

２０１６年の３月から４月にかけて、安倍首相は経済学の世界的な権威であるジョセフ・スティグリッツ教授やポール・クルーグマン教授らと相次いで会談し、経済政策について議論を行いました。一連の会談の本当の目的は、消費増税の地ならしにあったのですが、この中でスティグリッツ氏は興味深い話をしています。

世界経済はテクノロジーの進化によって新しい構造を形成しつつあり、以前ほど資本集約的ではなくなっていると言うのです。つまり、**同じ経済成長を維持するために必要となる投資額は将来、減少する可能性が高いということ**です。これはＡｉｒｂｎｂ（エアビーアンドビー、民泊ビジネス）に代表される「シェアリング・エコノミー」のことを指していると考えられます。

ネットのインフラを使って既存のリソースを最適にシェアすることができれば、ビジネスに必要となるリソースは減少します。そうなってくると、従来のように壮大なグローバル・サプライチェーンを構築しなくても、各国は経済を維持できる可能性が見えてきます。

これはＡｉｒｂｎｂのビジネスを考えれば、容易にイメージすることができるでしょう。従来社会でしたら、外国から観光客が来てホテルが足りなければ、ホテルの建設投資が行われます。必要な資材が輸入され、関連産業の従事者には所得が発生することになります。しかしＡｉｒｂｎｂの場合には、既存の住居がホテルになるだけですから、新しい所得は部屋を提供した人だけにしか生まれません。

実際、**世界経済に占める貿易の割合は、２０００年頃までは経済成長に比例して伸びていました。しかし２０００年代後半から貿易の伸びが鈍化するようになり、最近ではその傾向がさらに顕著**になっています。

もし、世界経済が米国、欧州、中国という3大ブロックに収れんし、以前ほど大量のモノのやり取りを必要としなくなった場合、貿易依存型経済を続けてきた日本にとっては大打撃となってしまいます。

アベノミクスでは、企業の設備投資の減少をカバーするために、積極的に公共事業を推進してきましたが、効果が上がっているとは言えません。この状態でシェアリング・エコノミーが進展すると、ますます設備投資は減少し、日本人の所得が減ってしまう可能性があります。日本がこれからの社会で豊かさを維持していくためには、米国経済に依存しないよう、国内の消費経済を活発にしなければなりません。

日本は世界経済の新たな潮流に乗らないと、さらに貧しくなってしまう危険性も！

新しい常識

第3章

投資戦略の

Changing Economy 22

日本株は今後も上がるのか？

円安による業績改善で
株高も当分の間続く

＜

海外の投資機会減少と低金利で
資金が株式市場に還流せざるを得ず、
株価は高値を追うことはなく
一定水準をキープ

第3章では、日本株など、ポスト・アベノミクス時代における投資について解説したいと思います。

国内的には、アベノミクスの中核となっていた日銀の量的緩和策には限界が見えてきています。世界に目を転じると、これまで経済成長のドライバーであった貿易が停滞する傾向が顕著になってきました。英国のEU離脱によって、欧州統一政府といった壮大なプランの実現も難しくなってきています。

各国が保護主義的なブロック経済に陥る可能性は低いですが、リーマン・ショック前のような好景気はしばらくの間、期待できないでしょう。これは輸出産業を基盤としてきた日本経済にとっては逆風であり、**アベノミクス相場が再来するといった楽観的なシナリオは描きにくくなっています。**

また第1章でも触れましたが、**しばらくは世界経済の混乱が続く可能性が高く、消去法で円が買われやすい地合い**が続きます（長期的には話は別ですが）。株価にはやはりマイナスの影響が出やすいでしょう。

では、**日本株は悲観一辺倒なのかというと、そうでもありません。**筆者が過度に悲観する必要はないと考える理由は以下の通りです。

量的緩和策に限界が見えてきているとはいえ、日銀の緩和的なスタンスは当面継続することになります。**低金利が継続する限り、投資家は運用難という問題に直面する**ことになります。**一定割合のマネーはリスク資産に向かわざるを得ず、これは相場の下支え要因となる**でしょう。

これに加えて、外貨での投資も難しくなっているという現実があります。

ここで説明したように、日本の機関投資家は低金利による運用難という問題に直面しています。このような状況に陥った機関投資家がまず考えることは、海外投資へのシフトです。

具体的には世界でもっとも安全で、かつ一定レベルの利回りが確保できる米国債への投資を検討することになります。**2012年末に約300兆円だった海外証券投資残高は、2015年末には423兆円まで拡大**したのですが、ここにきて、ドル調達コストの上昇という思わぬ障害が出てきました。

機関投資家が長期間にわたってドルに投資する場合には、為替取引でドルを調達しますが、短期的な投資の場合には為替取引を行わず、スワップ取引で一時的に円とドルを交換するという手法が取られます。しかし、**ドルを欲しがる日本の機関投資家が**

急増していることから、日本の投資家に対しては大幅なプレミアムが要求される事態となっているのです。日本に上乗せされるプレミアムは英国のＥＵ離脱によって一時、０・８％というユーロの２倍近い水準に達しました。

現在、10年物の米国債の利回りは１％台半ばですから、こうしたコストを支払ってしまうと、外貨（＝ドル）で運用しても、ほとんど収益を得られないという状況に陥ってしまいます。

外貨での運用もままならないということになると、資金の一部は、国内の運用に回帰せざるを得ません。その中の一部は、ＥＴＦ（上場投資信託）やＲＥＩＴ（不動産投資信託）などリスク資産にも振り向けられることになるでしょう。

となると日本の株式市場は、高値を追うことはできないにしても、一定の水準以下には下がらない可能性が高くなってきます。

短期的には国内への資金回帰が起こっても、長期的には海外への投資機会の減少は日本にマイナス！

外国人投資家は
どう動くのか？

Changing Economy 23

外国人投資家の強力な買いが
日本株の上昇に大きく寄与

＜

アベノミクスの限界が見えたので
外国人投資家はほぼ撤退

株式市場が大幅に下落しないもう1つの理由は、今の日本市場には積極的な買い手もいない代わりに、売り手も存在しないことです。株価は最終的にはファンダメンタルで決定されますが、もう少し短いタームでは需給要因も大きく関係します。売る人がいなければ、思ったほど株価が下がらないということは、十分にあり得るのです。

序章の項目2でも触れたように、**アベノミクス相場の多くは外国人投資家によって支えられてきた**というのは、市場関係者の中ではよく知られた事実です。

安倍政権はコーポレートガバナンスの強化策を打ち出し、構造改革の推進を成長戦略として掲げました。海外の機関投資家の一部はこれに強く反応し、長期的な視点での日本株への投資を開始しました。短期的な投機筋ばかりとなっていた日本市場では、非常に珍しいことと言ってよいでしょう。

アベノミクス相場が始まって以降、日経平均株価は外国人投資家の投資残高と比例して動いてきました。安倍政権がスタートした2012年12月を基準にすると、日経平均が2万円を突破した2015年5月には、外国人投資家の投資残高は20兆円を突破します。しかし、その後、日経平均株価が下げに転じると、残高も減っていき、現在ではピーク時の約半分にまで落ち込んでしまいました。

外国人投資家は、アベノミクスにおける3本の矢（金融・財政・構造改革）が同時並行で実施されることを買い増しの条件としています。しかし、現実のアベノミクスは、金融と財政までは順調に進んだものの、困難が伴う構造改革についてはほとんど手つかずの状況です。

外国の機関投資家の間では、アベノミクスはほぼ頓挫したという認識で一致していますから、すでにほとんどの機関投資家は日本市場から撤退しています。これはあまりよい事態ではありませんが、考えようによっては、もう**これ以上、積極的に日本株を売る外国人はいないとも解釈することができます。**

そうなってくると、**今後の株価に大きな影響を与えるのは、巨大な機関投資家である公的年金**ということになります。

公的年金を運用するＧＰＩＦ（年金積立金管理運用独立行政法人）は安倍政権の強い意向を受け、安全な国債中心の運用から株式中心の積極運用に方針を転換しました。２０１４年秋に取りまとめられた新しい運用方針では、国内株の比率が12％から25％に引き上げられています。運用資金は全体で１４０兆円もありましたから、この変更だけで10数兆円の資金が株式市場に流れ込みました。

これまでちょっとした株価下落に見舞われても大きく値を下げなかったのは、公的年金が積極的に買い支えていたからです。

現在のＧＰＩＦの株式の組み入れ比率は約23％となっており、そろそろ上限に近づいています。つまり、ＧＰＩＦがこれ以上株式を積極的に購入するのは難しい状況となっているのです。

これは株価の上昇という点ではあまりよいニュースではありませんし、それどころか今後の大きな株価下落リスクにもなり得ます。ＧＰＩＦが保有している株式を一部でも売りに出せば、株価が大きく値下がりしてしまうからです。

しかしＧＰＩＦは公的年金を運用するファンドですから、民間のファンドのように簡単に株式を処分することはできないでしょう。当分の間、ＧＰＩＦは株式を保有し続けると考えられます。売り手がいないというのは、このことを指しているのです。

公的年金が本格的に売りに回った場合には、株価下落を止める手段は残されていない！

Changing Economy 24

リニアは株価の起爆剤となるのか？

リニアへの期待は高く、今後50年の経済成長の基礎となる

＜

国家プロジェクト化されたが、効果は限定的で株価への影響も微小

安倍首相は２０１６年６月、リニア中央新幹線の大阪延伸の前倒しを政府として支援すると明言しました。これまで**リニア計画は、あくまでＪＲ東海の単独プロジェクトだったのですが、旧国鉄時代以来となる国家プロジェクトへと再び格上げされ、成長戦略の一部に組み入れられた**わけです。市場の一部からは株式市場への効果を期待する声が上がっていますが、リニアの大阪延伸前倒しは株価に好影響を与えるのでしょうか。

残念ながら筆者は、**リニア延伸による影響は限定的**との立場です。その理由は日本の人口動態にあります。

リニア新幹線の総工費は大阪延伸を含めると9兆円に達する予定です。一方、名古屋開業時点でのＪＲ東海の予想売上高（鉄道部門）は、１兆２１３０億円で現在とほぼ同水準。２０４５年の大阪開業時の予想売上高は、そこからわずか10％増えるだけとなっています。日本は急激に人口が減少しており、鉄道の輸送人員もそれに合わせて減少が見込まれることが主な原因です。

つまり、**９兆円の資金を投入しても、リニア中央新幹線は基本的に従来の東海道新幹線と顧客を分け合うだけであり、様々な相乗効果を考慮に入れても、全社的な売上**

げはわずかしか増加しないのです。

さらにやっかいなのが業績予想です。設備の償却費用と金利負担で、リニア開業後の経常利益は、現在の水準より大幅に減少すると予想されています。

２０１０年にＪＲ東海が発表したリニアの計画書によると、２０２７年における同社の予想経常利益（ＪＲ東海単体）は１７４０億円と、現在（２０１６年３月期における単体の経常利益）から65％も低い水準です。**２０４５年の予想経常利益は７５０億円ですから、現状の６分の１以下**まで落ち込みます。つまり**リニアを開業させると、ＪＲ東海は儲からなくなってしまう**のです。しかも借金の金利は現在の低金利を前提に、長期で３％程度と試算されています。もし今後金利が上昇することがあれば、同社の経常利益はすべて吹き飛んでしまうでしょう。

このように、ＪＲ東海単体としてはあまりメリットがありませんが、マクロ経済的には、２０４５年までに投入されるはずであった大阪までの建設費用３・５兆円が８年前倒しにされるわけですから、毎年数千億円の上乗せ効果が見込めるかもしれません。しかし、５００兆円という日本のＧＤＰを考えると影響はわずかです。

こうした**公共事業が効果を発揮するためには、建設されたインフラが、将来の経済成長の原動力となる必要があります。**昭和の時代であれば、高速鉄道そのものが存在していませんでしたから、新幹線の建設はまったく新しい需要を生み出す可能性を秘めていました。

しかしリニアの場合には、既存の新幹線をリプレースするだけですから、移動の時間が短くなっただけであり、まったく新しい付加価値が生まれてくるわけではありません。しかも、これからの社会には人口減少というマイナス要因があり、シェアリング・エコノミーに代表されるような経済のコンパクト化が進みます。

大規模な交通インフラの建設を、今後50年の経済成長の基礎にするという考え方は時代遅れでしょう。**リニア建設の影響は、単純にその分の建設需要の増加にとどまると考えたほうが自然**です。

日本の新幹線は運賃が高いので、運賃引き下げを検討したほうが経済効果は大きい！

Changing Economy 25

不動産投資に手を出すべきか？

アベノミクスの流動性相場で、不動産価格は総じて値上がりが続く

＜

人口減少から優良物件以外の不動産は不利になる

以前に比べると、不動産投資はかなりポピュラーな投資手段として定着してきました。今では、ごく普通のサラリーマンでも億単位の融資を銀行から引き出し、アパートなどを一棟買いするようになりました。

また日本ではインフレが進む可能性が高くなっているため、資産を防衛するという観点から不動産投資を推奨する人もいます。

一方で、人口減少への懸念などから、不動産への投資には慎重になったほうがよいとの意見もあります。不動産は流動性が低いですから、いったん、流れが逆流してしまうと、株式投資のようにすぐに撤退するということができません。

筆者は不動産投資については中立的な立場です。言い換えると、**収益性の高い不動産であれば投資する価値はあると考えていますが、マクロ的に不動産投資が絶対的に有利であるとまでは言い切れません。**

不動産に対する最大の逆風は、やはり人口減少でしょう。

よく知られているように、日本では人口の減少が急ピッチで進んでいますから、地方や郊外の住宅地を中心に空き家の数が急速に増えています。すでに住宅全体の13・5％が空き家になっているという統計もあります。

さらに不動産市場では、今、ちょっとした異変が起こっています。これまで**絶対に値崩れすることがなかった高級住宅地の物件で、買い手が付かないという事態が頻発**しているのです。

高級住宅地の戸建物件の所有者は、高い所得を持つ高齢者が多いと考えられます。老後の生活を考え、郊外の戸建てを処分し、次々と便利な都市部のマンションに引っ越していると推察されます。

この一連の動きは、不動産の二極分化をさらに進めることになるでしょう。**利便性の高い都市部の物件には引き続き高いニーズがある一方、郊外の物件の価値は限りなく低くなってしまいます。**

今後、不動産投資を行うにしても、地域や物件の種類には吟味が必要です。交通の便がよく、近くに病院などのインフラがあり、段差が少なく、雨に濡れないゴミ置き場があるなど、**高齢者にやさしい条件を備えた物件のニーズは、当分なくならない**でしょう。逆に言えば、こうした条件に合致しない物件の価格維持は困難です。

もっとも、長期的に日本がインフレになるリスクが高まっているのだとすると、不動産は資産を保全する有力な手段となり得ます。**資産価値が維持できる物件であれば、**

資産防衛という観点から不動産を買うという選択肢はアリでしょう。

不動産への投資を検討したければ、ＲＥＩＴを購入するという方法もあります。**ＲＥＩＴは基本的に超優良物件ばかりですので、空室になるリスクは実物不動産に比べれば、かなり少ないと言ってよい**でしょう。

また、ＲＥＩＴそのものにレバレッジがかかっていますから、個人的に借り入れなどをしなくても、高い利回りを追求することができます。

ただＲＥＩＴは市場で売買されている分、値動きが早いという特徴があります。マイナス金利での運用難から、ＲＥＩＴにはかなりの買いが集まっており、投資口価格はすでに割高だとの指摘もあります。

しかし**流動性を確保できる点などを総合すると、ＲＥＩＴを検討する価値は高い**と筆者は考えます。

今後のインフレ懸念を考えると、ＲＥＩＴへの投資は検討する価値あり！

Changing Economy 26

金は買うべきか？

経済の先行きが不安なら
金を買っておくべき

＜

収益を生み出さず
保管コストもかかる、
負担の大きな投資先

このところ世界経済に対する不透明感が増していることから、金の人気が再び高まっているようです。

金価格は2012年に1トロイオンスあたり1700ドルを突破し、史上最高値を付けました。しかし市場が落ち着いてきたことから下落が進み、一時は1トロイオンス1000ドル割れ近くまで売り込まれました。しかし、最近では再び上昇傾向が顕著となっており、2016年8月時点では1300ドルを超えています。

経済に対する不安心理が台頭すると金が買われる傾向が強いのですが、投資対象として見た場合、金にはいくつかの制約条件があります。1つは、収益を生み出さないという点です。**金は価格が上昇しない限り収益にならない**のです。これが一般的な金融商品との大きな違いです。

もう1つは、金は現物の保有にコストがかかるという点です。**金を保有しておくためには、相応の保管コストが必要**となります。収益を生まないことに加えてコストがかさみますから、投資家にとっては負担が大きい商品です。

このように金には、他の金融商品とは異なる特徴がありますから、投資のやり方についても他の商品とは少し区別したほうがよいでしょう。

金の最大の魅力は、ドルという世界通貨に対する代替商品だという点です。これは、過去の長期的な金の値動きを分析するとよく分かります。

10年というスパンで金価格を見ると、ここ数年の金価格の下落は大暴落に思えます。しかし20年以上のスパンで見るとそうでもありません。1970年代までさかのぼれば、当時の金価格はたったの30ドル台でした。

では本当のところ、金の値段はどう動いてきたのでしょうか。

それは、物価を調整した形で値動きを分析すると一目瞭然です。**現時点での物価を基準にすると、金価格は300ドルを下回ったことはほとんどありません。**一方、過去40年間で2回だけ1700ドル前後まで値上がりした時があります（現在の価値に換算）。

1回目は、1970年代の後半で、2回目は前回の高値である2012年前後です。両者に共通するのは極端なドル不安の発生です。

1970年代の米国は不景気とインフレが同時進行する、スタグフレーションに悩まされており、戦後では最悪の状況でした。当然ドルに対する不安が極大化しており、その反動で金が買われていきました。

リーマン・ショックの時もまったく同じです。当初は危機の範囲がどの程度なのか予想がつかず、ドルに対する不安も最高潮でした。

奇しくも、**70年代後半のドル不安と、リーマン・ショックによるドル不安における金価格の最高値は、およそ1700ドルで見事に一致**しているのです。つまり金という商品は、完全にドルと表裏一体の関係になっているということが分かります。言い換えれば**金を買うか買わないかの基準はすべてドルにある**というわけです。

そうなってくると、金という商品の扱い方はほぼ決まってくるでしょう。それは、**分散投資の一環**という役割です。経済が危機的な状況になり、株も債券も値下がりするという局面では金は値上がりが期待できます。

しかしあくまで、こうしたポートフォリオの一環にすぎませんし、コストのかかる商品ですから、その**割合はかなり低く抑えておくのが常識的**でしょう。

金はあくまでドルの価格と表裏一体なので、日本円に対するリスクヘッジならドル投資がベター！

Changing Economy
27

ビットコイン投資は儲かるのか？

ビットコインは危険でいかがわしく、
日本政府もその存在を否定

＜

まだリスクは残るが、
待避資産として検討する価値あり

日本ではいかがわしいものとして排除されてきたビットコインですが、ここに来てようやく法制度が整備され始めました。

ビットコインを通貨として認め、消費者を保護するための法律「改正資金決済法」が２０１６年5月、国会で可決成立しました。まだまだリスクが多い商品ですが、マイナス金利という運用難や世界経済に対する不安から、一部の投資家はビットコインに着目しています。

ビットコインをめぐっては、２０１４年に日本国内の取引所である「マウントゴックス」が経営破綻したことから、ビットコインをどう位置付けるのかについて、国際的な議論となりました。

日本政府はいち早くビットコインは「通貨」ではなく「モノ」であるとの位置付けを明確にしてしまい、規制や保護の対象とはしませんでした。

このため日本では、ビットコイン取引所などは、消費者保護の対象となっておらず、安心して購入できる環境になっていなかったわけです。また、理論上は取引に消費税が課されるなど、仮想通貨の普及には逆風が吹いていました。

一方、米国や英国など主要各国は、ビットコインの将来性を考え、通貨として認める方向性で法整備を進めてきました。それを受け、与党議員の一部から日本の措置はグローバル化に逆行するという声が上がり、今回の法改正につながったのです。

今後、仮想通貨を取り扱う事業者は、金融庁への登録を義務付けられることになります。また、財務状況や消費者保護のための措置などについて監査を受けることが求められ、政府が必要と判断した場合には、業務停止命令を出すこともできます。これまで一切の措置が講じられていなかったことを考えると、大きな前進です。

そうなると、**今回の法改正をきっかけに、投資対象として考える投資家も増えることになるかもしれません。**

ビットコインはネット上で流通する仮想通貨ですが、基本的な概念は金本位制に準じています。発行できる通貨の上限が決められていますから、無制限に通貨が発行され価値が減価しない工夫がなされています。

また**国際的な取引が容易なこともあり、諸外国では金に代わる非常時用の通貨として注目を集めています。**財政破綻したギリシャやキプロスの資産家の中には、ビットコインで資産保全を図った人も少なくないと言われていますし、中国から資金を逃がす手段としている投資家もかなりの数に上ります。

ビットコインの対ドル・レートは、２０１３年の後半には１ビットコイン＝１１００ドルまで高騰していましたが、マウントゴックスの破綻によって一時は２００ドルを割る水準まで下落していました。その後、価格は順調に上昇しており、現在は６００ドル近くまで値を戻しています。

ビットコインはまだボラティリティが高く、安全に運用できる資産とはいえません。また改正資金決済法が成立したとはいえ、**消費税の課税対象にするのかという部分については曖昧な状態**が続いています。筆者はビットコインへの投資を強く勧めるわけではありません。

しかし、既存の金融システムに対して不安があり、金をポートフォリオに加えてもよいという投資家であれば、ビットコインも資産保全手段の１つとして検討する価値はありそうです。

消費者保護も始まったが、消費税の取り扱いが法律で定められるまでは課税のリスクが残る！

海外投資は行うべきか？

Changing Economy 28

円安期待から
海外投資を積極的に行う

＜

長期的な金利上昇と
円安リスクを見据えて
海外投資はより積極的に

マイナス金利の導入で、日本国内の投資機会が減少しているという問題は、個人投資家にも深刻な影響を与えています。海外投資ブームは一時下火になっていましたが、ここにきて、再び海外投資に踏み切る人も増えてきているようです。

筆者は海外投資に対しては肯定的な立場であり、実際、自身の資産も半分以上が外貨建てになっています。今後も基本的なスタンスは同じです。

筆者が、ある程度は海外投資を行うべきだと考える理由は2つあります。

1つは純粋に**分散投資**という観点です。

筆者は、**リスクを取って大きな資産を形成しようという時には、あえて集中投資を実行すべき**だと考えています。しかし、一定の資産をすでに持っているという場合や、あまりリスクを取りたくないという場合には、タマゴを1つのカゴに盛らないことは常識です（もちろんそれは、リターンの低下とトレードオフになりますが）。

今の日本には多くの海外投資機会が存在していますから、あえて日本円という単一の投資対象に集中する必要はありません。**バランスのよい分散投資を実践するためには、外貨建ての商品は1つの有力な選択肢となる**でしょう。

もう1つは、長期的に見た場合の**日本の財政リスク**です。

これまで、金利の上昇は「来るかもしれない」という話でしたが、今回の消費増税の延期や政策の財政シフトなどによって状況は大きく変わりました。

もはや日本の財政に歯止めをかける方法は存在しておらず、**金利の上昇は「いつかは分からないが、確実にやってくる」という段階に進んでしまった**と考えられます。

もしかすると、**ポスト・アベノミクス時代というのは、財政問題のカウントダウンとセットになる**かもしれません。

金利が上昇してしまうと、日本政府は超緊縮財政を余儀なくされ、日本経済はかなりの景気後退を余儀なくされるでしょう。こうした状況下において、日本円だけの運用で不十分なことは明らかです。

金利が上昇する前に為替市場がその状況を察知し、これまでとは打って変わって、大幅な円安に転じる可能性もあります。

過度に円安が進んだ場合、インフレが一気に進行しますから、実質的な債務は削減されます。つまり、インフレによって預金者から事実上、税金を徴収し、財政の穴埋めが行われるわけです。

要するに膨大な政府債務を返済するためには、増税か緊縮財政かインフレしか解決方法はありません。もしインフレという形になった場合には、日本円だけを保有していては資産が一気に毀損してしまいます。このシナリオの場合には、資産防衛という観点で外貨を保有しておくというニュアンスが強くなるでしょう。

ただし、資産防衛という点では金への投資と共通する部分があるかもしれませんが、先ほど解説したように、金はあくまで代替投資手段であり、収益を生むための中核的な資産ではありません。

金への投資を考えるということは、日本円はもとより、ドルやユーロなど他の主要通貨についても大幅に減価することがあり得るという立場に立っていることを意味しています。

金への投資が選択肢に入るのであれば、その前段階である外貨への投資は必然的に検討対象となるはずです。

リスクを取って大胆に資産を増やすという状況でない限り、複数通貨に資産を分散させるのは常識！

海外投資を行うなら狙い目は何か？

Changing Economy
29

預貯金の低金利が続いているので
円安による為替差益とともに、
高利回りの債券などを狙う

為替リスク、差益の計算よりも
日本での投資スタイル踏襲が重要

では、具体的に海外投資を行う場合には、どのような点に注意すればよいのでしょうか。これまで国内の主力株やインデックスを中心に運用していたという人であれば、基本的に株式市場が持っているリスクを引き受ける代わりに、相応のリターンを得ることが目的ということになります。

日本株の過去の動きを分析すると、平均６％のリターンがあり、25％程度のリスクが存在しています。つまり、毎年６％の利益が期待できる代わりに、その平均値から約68％の確率で上下に25％ブレる可能性があるという意味になります。

海外に分散投資する場合でも、基本的に国内投資で同じ方向性で投資対象を絞るのが大原則です。そうなってくると、アジアなど新興国の成長企業に投資をしたり、ブラジルの高利回り債券に投資をするという行為は、これまでの投資スタンスとは大きく異なるものであることがお分かりいただけると思います。海外となると急にスタンスが変わる人が多いのですが、このあたりには注意が必要です。

日本の株式市場で主力株を運用していた人であるならば、当然、第１候補となるのは米国市場の主力株ということになるでしょう。ここで、**海外投資の場合には、為替リスクがあるので、より高いリターンを狙わなければと考えてはいけません。**

確かに海外投資には為替という新しいリスクファクターが加わりますから、場合によっては大きく損をするのではないかと考えてしまいがちです。しかし、そもそもの目的が分散投資であることや、**米国市場と日本市場が為替を介して逆相関になることが多いという現実**を前提にすると、過度に為替リスクを気にする必要はありません。

このような視点で考えると、外国債券や外貨預金への投資には少し注意が必要です。新興国の高利回りの債券を買う投資家は少なくないですが、こうした債券を購入する投資家の多くは、国内では債券中心の投資をしていなかった人だと思われます。さらに言えば、銀行預金が中心だった可能性も高いと見てよいでしょう。

今までの市場環境で、銀行以外の選択肢を持たなかった人たちですから、リスク資産への投資はあまり望んでいなかったはずです。それにもかかわらず、外国の高利回り債券へ投資するということは、これまでのスタンスを１８０度変え、いきなりリスク資産への投資を開始したということになります。

こうした変化について納得した上での投資ならばよいのですが、**銀行では利回りが確保できないので、その代わりに外国債券に投資しているということであれば、それは間違い**です。

外国債券以外にも、国内株などリスク商品はほかにもありますから、一足飛びに外国債券に手を出す必要性は薄いでしょう。**海外だからといって、基本的な投資スタンスを変更することはできるだけ避けるのが基本**です。

外貨預金も同様です。

あくまで分散投資の一環で、長期的に外貨を持つ意向であれば問題ありませんが、中には為替のキャピタル・ゲインを期待したり、高い金利に惹かれて外貨預金の口座を開く人もいます。

しかし、為替の手数料などを考慮すると、よほど為替が動かない限りは、金利とキャピタル・ゲインで儲けることはできません。

もしリスクテイクの結果としてのキャピタル・ゲインが欲しいということであれば、株式など他の商品と総合的に比較することが大事です。

一部の富裕層を除いてリスク資産の基本は株式であり、これは海外投資でも国内投資でも一緒！

新しい常識

第4章

資産形成の

Changing Economy 30

タンス預金は本当に安全なのか？

日本円に対する信認が高かったので、タンス預金のデメリットは小さい

＜

長期的にはインフレが予想されるのでタンス預金はリスクが高い

マイナス金利をきっかけに、タンス預金が増えていると言われます。日本経済に対する不安心理が台頭したことが原因と思われますが、果たしてタンス預金にメリットはあるのでしょうか。

日本はもともと、経済規模に対して現金の比率が高いことで知られています。

現在、日本に流通している紙幣とコインの総額は90兆円ほどで、これはＧＤＰの17・4％を占めています。同じ比率を計算すると、米国は７・７％、ユーロ圏は10・２％ですから、日本の現金比率はかなり高いことが分かります。

しかも、欧米の数字の中には、途上国出身の富裕層などが資産を保全するため現金で所有しているドル札やユーロ札が含まれます。一方、日本円をこうした用途で保有する人はほとんどいません。米国人が米国においてドルの現金を使ったり、欧州人が欧州でユーロの現金を使っている割合はさらに低いというのが現実です。

実際、米国の商店で１００ドル札を渡そうものなら、偽札なのではないかと疑われ、面倒なことになるケースも珍しくありません。観光客が多く現金に慣れている店以外では、何度も紙幣がチェックされ、奥からマネージャーが出てくるでしょう。

そう考えると、日本の現金保有率は突出して高いと判断することができます。

日本で現金保有が多いのは、欧米に比べて金融システムが整備されておらず、現金取引が多いという商慣習上の理由もあると思われます。しかし、もっとも大きいのは、**通貨に対する信認が高い**ということでしょう。

日本国民は、頑なにインフレはやってこないと信じているとも解釈できます。**インフレが進んでいる時に現金を持つことは、非常に危険な行為**だからです。

そう考えると、マイナス金利という現金にとっては〝大敵〟となる政策が実施されたにもかかわらず、タンス預金が増える結果になってしまったことも、それほど不思議ではありません。

日銀は2013年4月の金融政策決定会合において量的緩和策の導入を決定し、同時に2％の物価目標を導入しました。しかし物価目標達成までの期間は何度も先送りされています。**事実上、物価目標は撤回されたも**のと考えてよいでしょう。

そうなると、**現状は、一種のデフレということにもなりますから、現金の価値はむしろ高まってきます。**タンス預金も1つの投資先ということなのかもしれません。

しかし筆者は、それでもタンス預金はあまりお勧めしません。**マイナンバーの導入以後、税務当局は現金の動きに神経質になっています。**大量の現金を引き出したり、預金することは、今後ますますやりにくくなってくるでしょう。現金を持っていても、イザという時に機動的に動けるとは限らないのです。

また**物価目標が事実上撤回されたとはいえ、日本経済がインフレのマグマを溜め込んでいる状況であることに変わりはありません。**量的緩和策の導入以後、日銀が金融機関に供給するマネーの総額であるマネタリーベースは４００兆円に達しており、すでに当初の3倍に拡大しています。今はこのマネーは当座預金の中に眠っていますが、日本の財政に対する信認など、何らかの条件が変化した場合には、これが市中に出回ってくる可能性は否定できません。そうなった場合には、ほぼ確実にインフレをもたらすことになるでしょう。このリスクは軽視すべきものではありません。

無理に投資する必要はありませんが、少なくともいつでも銀行預金から投資に回すための準備はしておいたほうがよいでしょう。

終戦後、インフレが一気に進み、現金の価値が激しく毀損した歴史を忘れてはいけない！

今、マイホームを持つべきか?

Changing Economy
31

円安期待と低金利から
住宅購入のチャンス

＜

収益性の高い物件に限り、
購入を考えるのはアリ

日本のインフレ政策が曲がり角に差し掛かっていることから、マイホームの取得についても難しい局面を迎えています。今後、物価目標が撤廃されることになれば、当分の間、低金利が続くことになりますから、住宅ローンを検討している人にとっては朗報となるでしょう。

しかし**低金利が継続するということは、物価が上がらないということですから、取得した不動産の価値は、どんどん下がっていく**ことになります。

マイホームの購入に際して理解しておくべきなのは、どんな理由であれ、不動産の取得は投資になるという事実です。**住宅の購入について経済的な観点で損得を判断する場合には、投資が成功したのかという1点に絞られる**ことになります。

投資の基本は安く買って高く売ることです。あるいは買ったものを運用して、投資した金額以上のお金を稼ぐことです。

自宅用の不動産であれば、売却することはないかもしれませんが、それによって浮いた家賃は擬似的な収入と考えることができます。不動産によって得られた収益が、不動産の取得コストと住宅ローンの金利を下回った場合には、投資は失敗だったということになりますし、逆に総コストを上回ればその投資は成功です。

最近では、住宅を担保に老後の生活資金を銀行から借り入れ、死亡後に住宅を銀行に提供することで資金を返済する「リバース・モーゲージ」という商品も出てきています。公的年金があまりあてにならない状況では、こうした商品を利用できるかどうかで老後の生活は天と地ほど変わってくるでしょう。

しかし、**不動産を担保にした商品を活用するためには、不動産の価値が高い状況で維持されていなければなりません。**不動産の価値を維持することは、今まで以上に重要となっています。

したがって、これから住宅を取得する場合には、不動産の価値が維持されることを最優先に考えなければなりません。では、今後はどのような物件であれば価値が維持されるのでしょうか。ポイントになるのは利便性と高齢化対応です。

第1章でも解説しましたが、人口減少社会では急速に人口の集約化が進みます。これからの時代は、交通の便が極めてよい都市部の物件以外は、価値が維持されないと考えたほうがいいでしょう。築年数が古くても、利便性の高いほうが断然有利です。

また**高齢化対応という意味でも、築年数の古い物件はそれほど不利になりません。**古い物件は敷地に余裕があるケースが多く、動線が緩やかです。後からスロープや滑り止めを設置しやすい、ゴミ置き場に雨に濡れずに移動できる、急な階段が少ないなど、高齢者にとって好条件が揃っているケースが多いのです。

価値を維持できる条件が厳しくなっていることを考えると、マイホームの取得は手放しでお勧めできるわけではありません。ただ、金融面で考えると追い風が吹いているのは間違いないでしょう。当分の間、金利が低い状態が続く可能性が高く、固定金利であれば、住宅ローンを組むチャンスだからです。

長期的には、為替は円安に転じ、再びインフレの時代がやってくるかもしれません。その時には、不動産を所有していることは、自らの資産を防衛する役割を果たすことになると考えられます。

ただ、仮にインフレ時代に逆戻りするにせよ、人口減少が進むことに違いはありません。資産価格を維持できる物件を買うことが絶対条件となります。

不動産の価値は収益性で決めるべきだという話は以前からあり、その傾向はさらに強まっている！

Changing Economy

32

住宅ローンは繰り上げ返済すべきか?

利子の負担を減らしたいので、ある程度お金が貯まったら、繰り上げ返済したほうが得

<

将来的なインフレ到来に備え、繰り上げ返済はしないほうが得

このところ、経済の先行きに不安を感じ、住宅ローンの繰り上げ返済を検討している人が多くいます。早く返してしまいたいという気持ちは分からなくもないですが、**繰り上げ返済が本当に得なのかについては慎重に検討する必要があります。**

繰り上げ返済の是非を検討する際には、借金とはそもそもどのような行為であり、返済を早めるということは何を意味しているのか、理解する必要があるでしょう。

お金を借りるという行為は、利子というコストを払って時間を買うという行為と言い換えることができます。

利子というのは、お金を借りた時に、返済する金額に追加する形で負担しなければならないお金のことです。つまり、**お金を借りるレンタル料**です。借り手は貸し手に対して、レンタル料を払うことで、返済までの時間を買っているのです。

お金はモノと違って、すり減ったりなくなったりしません。それにもかかわらず、お金を借りる際にレンタル料が必要なのはなぜでしょうか。それは、貸し手にとっては、お金を貸している間は、そのお金を運用できず、運用によって得られるはずの収益が手に入らなくなってしまうからです。つまり**お金というものは、持っているだけでは意味がなく、それを運用することで、初めて本当の価値が出てくる**のです。

銀行からお金を借りて家を買う人は、単純にお金がないので借りると考えてしまいます。これはあながち間違ってはいませんが、正確ではありません。

正しくは以下のようになります。

今、不動産を買えば、将来値上がりして儲かる可能性が高いが、手元にお金はない。追加のコストである金利を払ってでも、今、お金を借りて物件を買ったほうが得だから借りる、という理屈になります。つまり、金利というコストを支払って、返済までの時間的猶予を購入したのです。

基本的に融資を受ける際にはこうした感覚が必要です。

ここで、住宅ローンの繰り上げ返済というテーマに戻りましょう。

繰り上げ返済を実施するということは、返済までの時間を金利を払って購入したにもかかわらず、その方針を転換したことにほかなりません。**繰り上げ返済に回すお金があるならば、それを運用すれば、収益を得ることが可能**なはずです。それを、わざわざ返済に回してしまうわけですから、よほど運用難ということになるでしょう。

もしこれから、日本経済が縮小する一方で、買った家の価値も激減すると考えているのなら、繰り上げ返済もアリかもしれません。しかし、そこまで悲観的なのであれば、場合によっては家を売って住宅ローンを解消するということも選択肢に入れる必要が出てくるはずです。

理屈的に繰り上げ返済というのは、そのような意味を持っています。したがって、**何となく不安なので繰り上げ返済するのには、慎重になったほうがいい**でしょう。

また将来に対してある程度悲観的であったとしても、本書で指摘しているように、それが必ずしも半永久的なデフレを意味しているわけではありません。いずれ金利が上昇してインフレになるシナリオも、十分に考えられます。

もしインフレが進むのであれば、当然のことですが、繰り上げ返済は損ということになります。もし物価が2倍になれば、見かけ上の収入も2倍になっているはずですが、ローンの返済額は今のままで変わりありません。つまり**インフレになると、借金をしているほうが有利**になるわけです。

家の価値と日本の経済情勢の関係性や、ローンの金利の意味をまずはよく考えること！

Changing Economy

33

さらに貯蓄に励むべきか?

アベノミクスの成否にかかわらず、
貯蓄に励むべき

＜

富裕層以外はわずかな貯蓄より、
スキルアップにお金を注ぎ込むほうが
はるかに重要

現預金をたくさん持っていることが有利なのかどうかは、経済情勢によって大きく変わってきます。デフレという局面では、現金を持つことが推奨されます。物価が下落する環境では、現金を持っているほうが有利だからです。

一方、インフレが進み、物価が上昇している局面では、現金を持っていると損をしてしまいます。こうした経済環境においては、株式や不動産などに投資をしていかないと、相対的に資産は減ってしまいます。

しかし、**デフレかインフレかという話とは別に、日本人は特別に貯金を好む傾向が強く、これが日本人の投資行動を大きく縛っています。**２０１６年3月末時点における日本の個人金融資産のうち、現預金の占める割合は52・４％と半分を超えていますが、この傾向はずっと昔から変わっていません。金融資産には保険や年金が含まれますから、これらを除くと、実に75％が現預金で占められていることになります。

金融資産における過度な現金への集中化は、デフレになると現預金が有利といった水準を超えており、不安心理の裏返しとしての側面が強いと思われます。

そうであるならば、抱えている不安心理がどのようなものなのか、明らかにする必要があるでしょう。

おそらく、ほとんどの人は、現金を持ちたがる理由として、家族の突然の死亡や病気、失業といった事態を想定しているものと思われます。

まず家族の死ですが、**豊かになった日本では人はそうそう亡くなりません。**

たとえば、30歳の男性が60歳までに死亡する確率は7％程度です。また、40歳の男性が1年以内に死亡する確率はわずか0・1％、50歳になっても0・3％です。意外と低いというのが、多くの人の印象ではないでしょうか。

病気については、日本の場合、国民皆保険制度が完備されていますから、保険料の滞納がない限りは、原則3割の自己負担で医者にかかることができます。

重篤な病気の場合には、高額療養費制度による補助もありますから、最終的にはさらに低い自己負担で治療することができるでしょう。どうしても個室に入院したいといった希望がなければ、治療費を一定水準以下で抑えることが可能です。

不幸にして亡くなってしまう人や、重篤な病気にかかってしまう人は一定数存在しますが、こうした事態を心配して、過度に貯蓄するのはあまり賢明ではありません。

失業についても同様です。世帯年収が600万円だった人が失業したと仮定します。収入がなくなったからといって、支出を大幅に減らすことはできません。

仮に500万円の貯金があったとしても、それで家計を維持できる期間は限られています。その後は、何らかの形で収入を得る方法を探さなければなりません。

このような時に**頼りになるのは、お金ではなく、転職や独立がすぐに実現できるスキルを持っていることや、頼れる知人を持っていること**です。

これからの日本は人口減少でますます厳しい時代を迎えます。年金財政の逼迫化《ひっぱくか》から、年金の給付額も削減されるはずです。かなりの資産を持つ人以外は、生涯を通じて労働することが当たり前の社会となっていくでしょう。

ポスト・アベノミクスは、そうした時代のスタート地点になるかもしれません。

そうだとすると、貯金に血道を上げることは、あまり意味をなしません。**自らのスキルへの投資も含めて、継続的にお金を稼ぎ、継続的に資産を運用していくという考え方が今後はさらに重要となってくる**でしょう。

しっかりと収入を確保し、同時に投資も行うというのは、いつの時代においても当然の理屈！

副業は行うべきか？

Changing Economy
34

企業の賃上げが期待できたので、
副業を考える必要などなし

＜

低賃金の傾向は今後も続くので、
必ず副業を持つくらいの気概が必要

右肩上がりの給料が期待できなくなる中、副業を考えるビジネスパーソンが増えてきているようです。かつては、多くの会社で副業が禁止されていましたが、最近では副業をあえて許可する企業も出てくるようになりました。

副業については、会社の就業規則という大きなカベがありますが、筆者は、**これからは、可能な限り副業について前向きに検討したほうがよい**と考えています。

現在の日本の経済構造において、賃金の継続的な上昇を見込むのはかなり難しい状況です。**終身雇用を前提にした日本の雇用制度を変えない限りは、労働生産性が上昇する可能性が低い**というのがその理由です。

企業にとって重要なのは、どの社員がいくらもらっているのかということではなく、人件費の総額です。**過剰な雇用が続き、労働生産性が上昇しない中では、総人件費を増やすことはできません。その結果、社員の平均的な給与も伸びない状況が続く**と考えられます。

アベノミクスの初期段階では、労働市場の改革に乗り出す可能性もありましたが、結局、安倍政権はこの問題には一切、手を付けませんでした。ポスト・アベノミクスの時代を迎えても、労働市場が変わる可能性は低いと考えたほうが自然です。

家計を豊かにするもっとも効果的な方法は、やはり収入を大きくすることです。支出を減らすことは誰でもできますが、その効果は極めて小さいという欠点があります。その点、収入の拡大は難易度は高いですが、お金の絶対値が増えるため、家計にとって大きな効果をもたらします。副業は、その中でも、もっとも実現性の高い収入拡大の手段と考えてよいでしょう。

もし共働きの夫婦であれば、**夫の収入と妻の収入に加えて、2人で副業に取組み、〝夫婦の収入〟というもう1つの収入源の確立を目指すべき**です。

副業を持つことのメリットは、単に収入が増えることだけではありません。

いくつかの会社を掛け持ちするというケースはあまりないでしょうから、副業ということになると、小さな事業の立ち上げということになります。小規模とはいえ、**新しいビジネスを立ち上げるという経験から得られるものはたくさんある**はずです。**長い目で見れば、本業に対してもプラスの効果をもたらす**でしょう。

会社に副業禁止規定があって副業ができないという人も、すぐに諦める必要はありません。というよりも、その段階からすでにビジネスパーソンとしての能力が試されていると思ってください。

ひとくちに副業禁止規定といっても様々です。**実は法律上、企業は労働者の副業を完全に禁止することはできません。**これがまかり通ってしまうと、土地を持っている人がアパートを建てて賃貸したり、ネットオークションで稼ぐといったこともできなくなってしまいます。つまり、どの会社であっても妥協点は存在するわけです。

筆者は、あえて会社とトラブルになることを推奨しているわけではありません。しかし、会社の規定を上手くクリアし、周囲の人にも迷惑をかけない形で副業する道を模索するというプロセスは、ある意味で、その後の副業を成功させられるかどうかの試金石でもあります。**「就業規定があるのでダメだ」と思考停止してしまわず、どんな方法なら実現可能なのか是非考えてみてください。**

こうした取組みは、確実にビジネスパーソンとしてのスキルを高めますし、キャリアの複線化に大いに役立つでしょう。

副業へのトライは本業のスキルアップにもつながるので、できない理由ではなく、実現方法をまず考えてみる！

Changing Economy 35

資産フライトは起こるのか？

一部の資産家たちが、
資金を海外に持ち出しているので、
それに便乗したほうがいい

＜

海外金融機関の口座開設は
ハードルがどんどん高くなっているので、
まずは国内で分散投資が基本

日本の財政状況が厳しくなっていることから、一部の識者は日本からの資本逃避、つまり「資産フライト」が発生するリスクについて指摘しています。話を聞くと非常に不安になってしまいますが、資産フライトは本当に発生するのでしょうか。

結論から言うと、**今の日本経済の状況で資産フライトが発生する可能性は限りなく低いと見てよい**でしょう。しかし、そんなことは１００％あり得ない、といって斬って捨ててしまうのも一種の思考停止であり、あまり感心できません。

そもそも**資産フライトとは、財政破綻懸念などをきっかけに、国内から資本が海外に一斉に流出するような事態**を指します。

資産フライトは、経済基盤がしっかりしていない新興国などで、たびたび発生します。最近では、原油安と西側各国による経済制裁の影響で、経済が危機的な状況に陥ったロシアでも発生しました（規模はそれほど大きくありませんでしたが）。

資産フライトが起こってしまうと、その国の通貨の価値は著しく下がりますから、政府は外貨などの引き出しを厳しく制限することになります。ロシアと同様、原油価格の大幅な下落で国家の財政が危機的状況となったベネズエラでも同様の事態となり、外国に留学する子供に学費が送金できなくなるといった問題も発生しました。

財政破綻を起こしたギリシャやキプロスでは、銀行からの預金引き出しが制限されたことから、ビットコインなど代替通貨に資産を替え、国外に逃がす富裕層もいたようです。

資産フライトはある日、突然やってくるのですが、そこに至るまでには、いくつもの前兆があります。**為替市場が健全に機能していれば、まずは通貨安という形でリスクは顕在化してくるはずです。同時にインフレが進み、金利も上昇していくでしょう。これらは資産フライトのサインとなります。**

しかし、こうしたサインがあっても、多くの人はこれに気付きません。このような状況下では、政府は経済運営に何の問題もないことを強調しますから、これが逆に対策を遅らせる原因にもなります。この段階で抜本的な対策を打てるかどうかで、その後の状況は大きく変わってしまうのです。

数年前、資産フライトがマスメディアで話題になったことをきっかけに、香港などの海外に口座を開設し、そこに直接資金を持ち込む日本人が急増したことがありました。特に香港は、日本から短時間で行けることや、口座開設の要件が緩かったことなどもあり、多くの日本人が口座を開いたと言われています。

しかしその後、香港側の方針が変わり、ある程度の英語力があり、口座を自力で維持できる人以外にはサービスを提供しないことになりました。これによって、多くの日本人が口座を閉鎖するという事態に追い込まれたようです。

筆者は国際的な分散投資を推奨する立場ですが、**分散投資にも段階というものがあります。**国内の金融機関において、資産の分散をしっかりと行うだけでもかなりの手間であり、まず手を付けるのはそこからです。

こうした段階を経ずに、いきなり海外にお金を持ち出すというのは、少々いきすぎでしょう。

まずは**リスクをできるだけ分散できるよう、国内でやれるべきことをやっておくこと**がよいと思われます。このあたりがしっかり対応できていれば、イザという時に、何もできないということはないはずです。

海外投資は分散投資の視点から重要だが、インフレ、金利上昇サインが出るまでは国内投資を重視！

新しい常識

第5章

情報整理の

Changing Economy

36

紙のメディアは もはや必要ないのか？

ネットの普及で紙メディアは一気に衰退する

＜

新聞社の圧倒的な情報収集能力により、引き続き世論形成にも大きな役割を果たし続ける

ポスト・アベノミクス時代は、日本経済の転換点となる可能性が高まっていますが、この動きは当然、メディアの世界にも影響を与えることになります。私たちは基本的にメディアから情報収集を行って、投資やビジネスの判断を下します。**メディア・リテラシーはインテリジェンスの基本**ですから、メディアの動向には常に関心を寄せておく必要があります。

今後のメディア動向ということになると、紙のメディアが一気に廃れ、ネット・メディアの役割が急激に大きくなるというシナリオを想像するかもしれません。こうした考え方は大筋では間違っていませんが、現実はもう少し緩やかです。**紙メディアは凋落が著しいと言われますが、意外にしぶとく生き残る可能性が高い**からです。

２０１６年2月、朝日新聞が大幅な給与の削減に乗り出したと報道されたことで、新聞社の経営がいよいよ危ないのではないかとの懸念が広がりました。

朝日新聞は、新聞離れが続いていることから、年々、購読者が減っています。２０１１年3月期には約７８０万部だった販売部数は、現在では約６７０万部まで減少しています。

しかしながら、同社の業績は思ったほどには、悪化していません。

毎年減収減益が続いているものの、2016年3月期の売上高は約4200億円、経常利益は188億円とまずまずの結果でした。朝日新聞社員の平均給与は1200万円とかなり高いですから、段階的に人件費を削減することで、ある程度利益を捻出することが可能です。

また朝日新聞は、築地や銀座など都心の超一等地に多数の不動産を保有していることでも知られています。同社の自己資本比率は50％を超えており、財務体質は盤石です。しかも同社は事実上無借金経営で、1800億円もの運用資金を持っています。ちょっとした大規模投資ファンド顔負けの運用力というわけです。

同社が人件費の削減に成功し、経営体質がスリム化すれば、不動産収入と組み合わせることで、当面は良好な経営を維持することができるでしょう。

現時点において**新聞社が持つ情報収集能力は圧倒的**です。また、新聞報道が世論形成に大きな役割を果たしているという状況も大きくは変わっていません。

部数の削減が進むとはいえ、新聞社の経営が当分維持されるということになれば、新聞社が持つこうしたパワーもまた、当分の間、維持されるということになります。

したがって**情報を分析する立場の人間にとって、新聞という存在はやはり無視でき**

ないものであり続けるでしょう。

筆者は、ネット・メディアの普及によって新聞が大きな影響を受けないと主張したいわけではありません。しかし、**人々には情報の経路依存性というものがあり、使い慣れたメディアはなかなか手放そうとしません。**

実は、これは若い人にもあてはまる話で、一時期は破竹の勢いだったフェイスブックも、さらに若い世代からは少し敬遠されています。しかし、フェイスブックに慣れ親しんだ世代は、当分の間このＳＮＳを使い続けるでしょう。

高齢者は読み慣れた新聞を亡くなるまで購読する可能性が高く、それまでは、ゆっくりとした部数の減少が続くと考えられます。そうなってくると、世論の形成についても、**新聞、テレビ、ネットという3つのチャンネルが併存する形がしばらくは続きそうです。**

1つのメディアだけを見ていると、世論を見誤る可能性があるので、各メディアの論調をバランスよくチェックする！

Changing Economy

37

テレビの危機は本当なのか？

新聞と同様、
テレビの影響力も一気に低下する

＜

日本人は昔も今も大のテレビ好きで、
電波の独占が続く限り
テレビの影響力も変わらない

新聞と同様、テレビもデジタル化時代に押されて衰退していくメディアと言われています。前項で新聞の寿命は意外と長いという話をしましたが、テレビもまったく同じ状況です。**よいことなのか、悪いことなのかは別にして、テレビも当分の間、日本の世論形成において大きな影響力を持ち続ける**でしょう。

テレビがこうした立場を維持できているのは、電波という資源を特定の放送局に集中的に割り当てる現在の電波行政が大きく影響しています。

米国のように電波を自由に希望者に割り当てれば、数十チャンネルの放送局を作ることができ、広告収入も各局に分散します。しかし日本では、ごく限られた放送局に広告収入が集中しますから、放送局は極めて高い収益を上げることが可能となります。これだけ寡占化が進んだ市場で、新たに参入する事業者はほとんどいませんから、事実上の独占が可能になっているわけです。

放送局は基本的にクライアントから支払われる広告料を主な収益源としています。２０１５年におけるテレビ全体の広告収入は約１兆５０００億円でしたが、この数字は多少の減少が見られるものの、あまり変化していません。**広告の流れという点で考えると、特にテレビが危機的状況ではない**ということが分かります。

一方、新聞や雑誌の広告収入は、ここ10年でかなり減少しています。新聞の広告は2005年には6500億円ほどありましたが、2015年は約3600億円と約45％も減っています。雑誌も同様で55％の減少です。一方、ネット広告は、すでに5600億円の規模があり、新聞、雑誌を上回っています。

全体を俯瞰してみると、テレビは常に広告の中で圧倒的なシェアを占めている状況であり、新聞と雑誌が減少した分をネットが補っているにすぎません。**相対的に見ればテレビの優位性は何も変わっていない**ということになります。

もちろんテレビにも弱点はあります。

先ほど解説したように、テレビ局の収益は、基本的に電波の独占によってもたらされており、極めて政治性が高く、政治の方向性次第でどのようにでも変わってしまう可能性があります。また新聞と同様、テレビも中高年層への偏りが大きくなっています。テレビを見る高齢者層が亡くなっていくにつれて、テレビの視聴者数も徐々に減っていく可能性が高いでしょう。

NHK放送文化研究所が実施したテレビに関するアンケート調査によると、この5年間で「テレビをほとんど、まったく見ない」という人が4％から6％に増加しています。また長時間（4時間以上）視聴する人の割合は40％から37％に減少し、短時間（2時間以内）しか見ない人の割合は35％から38％に増加しました。

ただ、**メディアの接触頻度という点では、年齢層を問わずテレビの地位は圧倒的**です。**「毎日のようにテレビを見る」という人は79％**に上っており、過去5年間でそれほど減少していません。一方、メールを除いてインターネットを毎日見るという人は38％しかおらず、新聞の58％を下回っています。高齢の視聴者が多いとはいえ、まだまだテレビの影響力は大きいと考えてよいでしょう。

テレビの必要性についても高い数値が出ています。**年齢層に関係なく、8割以上の人がテレビを必要なものと認識しており、過去5年間でこの傾向はあまり変わっていません。**日本人にとってテレビはやはり必要なもののようです。今後も、日本の世論がどう動くのかを理解するためには、テレビの動向を知る必要がありそうです。

電波の独占、巨額の広告費、そして日本人の視聴頻度から見ても、依然、テレビはメディアの中心！

Changing Economy 38

ネット・メディアは主流になれるのか？

ネット・メディアの登場で
新しい情報空間が構築される

ネット・メディアで流れる情報の多くは、
既存媒体が作成したもので、
新たな情報源たり得ない

日本のネット・メディアにはある特徴があります。それは、ニュースを作成する会社と配信する会社が分離しているということです。これは国際的に見ても非常に珍しい形態であり、これが日本のネット・メディアを特徴付けています。

ロイターが行った各国のメディア比較調査によると、日本のネット・メディアの利用頻度ではヤフージャパンが圧倒的な人気を誇っており、ニュースの世界ではほぼ独占状態となっています。

一方、米国もヤフーがトップですが、ハフィントンポスト、ＦＯＸ、ＣＮＮなど多くのメディアに分散しており、フランスやドイツも似たような状況です。英国は少し異なり、国営放送であるＢＢＣのシェアが高いという特徴が見られます。

ヤフージャパンの最大の特徴は、配信に徹しており、自らはニュースを作成しないという点です（最近は自社ニュースも作成していますが、全体の割合からすればごくわずかです）。**自らはニュースを作成せず、配信だけを行う単一メディアがほぼ独占状態になっているというのは、主要国では日本だけに見られる特徴**と言ってよいでしょう。

スマホの世界でも同じ現象が起こっています。

日本では、スマートニュース、グノシー、ニューズピックスなど、スマホのアプリにニュースを配信するニュース・キュレーションのサービスが急成長しています。

こうしたキュレーション・サービスはその名の通り、利用者が欲しがりそうなニュースをシステムが自動的に選別して、スマホに配信してくれます。Ｗｅｂ媒体と比較すれば多少、双方向にはなっていますが、基本的に外部のニュースを選択して配信するという点ではまったく同じです。

そうなってくると、ネットでもスマホでも、基本的には同じ作り手が作成したニュースが流れることになります。かつてネットの黎明期には、ネットは既存の媒体から切り離されているので、新しい言論空間が形成されるのではないかと期待する声もありました。しかし現実にはそうはならず、**ネットでもオールドメディアでも、同じ情報源によるニュースが流れる**という状況になっています。

実際、ネット・メディアに流されているニュースのほとんどは、新聞や雑誌、テレビといった既存メディアが作成したものとなっており、ツイッターなどＳＮＳで拡散する話題の中には、テレビから引用されたものも多く含まれます。

ニュースの情報源がネット時代になっても大きく変わらず、特定のマスメディアが寡占的にニュースを提供しているということになると、メディアで流れる情報の質も基本的にはあまり変化がないということが想像できます。実際、**日本のメディアで流されるニュースは、今も昔もマス向けものが中心であり、ニッチな情報は取り上げられないという特徴が顕著**です。

このような情報環境の場合、メディアにおける論調は、総じて予定調和的になりがちです。

また、**マス向けの情報は変化に疎い**という特徴もあります。状況が変化しても、すぐには流れが変わらず、ある程度、時間が経ってから、雪崩を打ったように方向が変化するというパターンになりがちです。

ネット・メディアの情報を分析する際には、こうした特徴をよく理解しておくことが重要でしょう。

ヤフーニュースでもグノシーでも、テレビでも新聞でも、論調が急変化した時は必ず裏を読むこと！

Changing Economy 39

メディアはどこまで真実を伝えているのか？

"真実"を報道しないマスメディアなど信じられない

そもそもメディアの情報は常にバイアスがかかっているので、疑いの目で見るリテラシーがますます重要

日本のマスメディアは〝真実〟を伝えていないと批判されることがあります。真実というのは人によってその内容が異なっていたりしますから、厳密な意味で、真実を伝えているのかどうかを検証することは非常に難しいことです。

しかし、**マスメディアの情報に一定のバイアスがかかるのは事実**です。ビジネスや投資に情報を生かそうという人は、このあたりについては敏感になっておく必要があるでしょう。

日本のメディアは、ネットという新しい媒体が出てきたにもかかわらず、基本的に同じ作り手によって生産されており、常にマスに向けた情報が発信されています。では、**なぜ日本ではマス向けの情報ばかりが流される状況になっているのでしょうか。**

それは、乱暴に言ってしまえば、利用者がそうした情報を求めているからです。

日本では、時に新聞報道やテレビ報道に対して激しい批判が寄せられます。これは、新聞やテレビに対する過剰な期待の裏返しと解釈することも可能です。

経済広報センターが２０１５年に実施した「情報源に関する意識・実態調査報告書」によると、新聞の情報が信頼できると答えた人は何と54％にも上っています。同じ調査ではないので単純比較はできませんが、米国では25％程度であることを考えると、この差はかなり大きいと言ってよいでしょう。

米国など諸外国の国民は、そもそもマスメディアというものに対して過剰な期待を抱いていません。

しかし、日本の場合には、多くの人が新聞やテレビは信頼できる、あるいは信頼できるメディアであってほしいと強く考えています。その結果、**意に沿わない報道をした場合のバッシングも激しくなる**わけです。

このような書き方をすると一部の人は、不快感を覚えるかもしれませんが、その反応自体がすでにマスメディアに対する過剰な意識の表れなのです。

こうした図式は、マスメディアのあり方にも影響を与えることになります。

日本のマスメディアは、記者クラブに代表されるように、官僚や政治家にとって都合のよい情報しか流していないと批判されています。一方では、政治家がマスメディアに対して圧力をかけていていると懸念する人もいます。

筆者はここで、その是非を論じるつもりはありませんが、私たちが知っておくべきなのは、こうした**批判や懸念が発生する根本的な原因は、既存のマスメディアが持つ影響力の大きさにあるという点**です。

多くの国民がマスメディアの報道に対して、強い感情を抱いたり、一種の権威のようなものを感じている限り、政治家や官僚の中から、この影響力をうまく利用したいと考える人が一定数出てくることになります。つまり、**自分たちに都合のよい情報を流してうまく世論をコントロールしようとする**わけです。また影響力の大きいメディアから批判されるとダメージも大きいですから、何らかの圧力をかけて批判を封じ込めようとする人も後を絶たないでしょう。

ネットにはコメント欄など双方向機能がありますから、ニュースの作り手は、炎上しにくい内容でニュースを作成する傾向をさらに強めることになります。したがって、**情報の多様化は思いのほか進まない可能性が高い**のです。

ですから、マス情報の中から有益な情報を見つけ出すための情報リテラシーが、今後ますます重要となってくるでしょう。

重要な情報は、扱いの大きくないベタ記事に含まれていることも多い。したがって、ニュースの読み方には工夫が必要！

海外の情報は本当に役に立つのか？

Changing Economy 40

海外メディアは日本のことを
正しく理解していないので、
国内の情報収集にこそ
力を入れるべき

無批判に礼賛したり
感情的に反発したりせず、
各国の報道の特質を理解し、
上手に取り入れる

日本は年々、経済の基礎体力を落としており、世界経済に振り回される度合いが強くなっています。一方、日本人の関心はむしろ国内に向かうようになっており、**〝情報のガラパゴス化〟**が進んでいます。海外情報に接することは、こうしたギャップを埋める1つの手段となるでしょう。

以前は海外情報というと言語のカベがありましたが、最近ではWebサイトの翻訳機能が飛躍的に向上し、この問題もかなり緩和されています。

しかし、**海外情報にも多くの落とし穴がありますから注意が必要**です。情報の特質というものをよく理解した上で付き合わないと、逆に誤った情報を得てしまう可能性があるからです。

当たり前のことですが、米国のメディアが発する情報は、基本的に米国内に向けられたものです。フランスのメディアは、フランス人に向けて記事を書いています。海外の情報を活用する場合には、この当たり前の事実をしっかりと認識しておかなければなりません。

つまり、**各国の文化や風土というものを理解しておかないと、情報の解釈を間違ってしまう可能性がある**のです。

代表的なのは米国経済に関する情報です。

米国人は、日本人とは正反対で、自国や自国のリーダーに対する評価が非常に厳しい国民です。**米国人にとっては、好調な経済が持続し、圧倒的なパワーを持っていることが当たり前**であり、ちょっとでも経済が停滞することは心情的に許せません。このため、**米国の景気に関する報道は非常にシビア**になります。

少しでも景気の足取りが悪くなると、米国経済が崩壊したかのようなニュアンスで報道が行われます。こうしたニュースを何の予備知識もなく聞いてしまうと、米国経済は大変な状態になっているのではないかと勘違いしてしまうでしょう。

また、他国のニュースの取り上げ方にも大きな違いが見られます。

米国のメディアは基本的に自国が中心であり、外国のことについては、すべて自国の目線で分析を行います。一方、**英国は外国のニュースについても、自国の目線ではなく、俯瞰的に見てバランスのよい形で報道することがほとんど**です。

もちろん英国とひとくくりにすることはできず、いわゆるタブロイド紙などの切り口はまったく異なっています。しかし、私たちが目にする機会が多いと思われる**BBCやフィナンシャルタイムズといった媒体は、客観性を重視する傾向が顕著**です。

したがって、日本のことについて海外のメディアを使って調べる場合、米国のメディアは、彼らの価値観で日本がどう見えるのかを知るために活用するのがよいということになります。しかし、それが客観的な分析なのかは分かりません。

一方、英国メディアを見れば、日本の客観的な立ち位置を理解することができますが、欧米人がホンネでは日本のことをどう考えているのかは分かりません。

よく**日本では、「欧米ではこう言っている」「欧米の言うことは偏見がある」といった議論が交わされることがありますが、このような論争の多くは、今、解説したような報道の特質というものを考慮に入れていないことがほとんど**です。

こうした状況では、欧米の意見を無批判に取り入れたり、逆に感情的になって反発するだけという結果に終わってしまいます。海外情報は非常に有益なものですが、その扱いには十分注意する必要があるのです。

どの国の情報を活用するにせよ、基礎的なリテラシーを身につけることが大前提！

Changing Economy 41

これからの情報収集はどう行えばよいのか?

自分が気に入った
プロの情報を信頼する

プロの言うことを鵜呑みにせず、
直接、一次情報にあたり、
その真偽を確かめることが重要

ポスト・アベノミクス時代を迎え、私たちはどのようなことに注意して情報収集を行えばよいのでしょうか。筆者は以下の2つを推奨したいと思います。1つは、**事実と好き嫌いの峻別**。もう1つは、**情報提供者の意図を理解すること**です。

情報に接したら、まずはその中身を精査し、事実（ファクト）と論調（オピニオン）を分離します。論調の部分はひとまず横に置いておき、事実関係だけを抽出していくのです。続いて、選び出してきた事実関係について、その元となった一次情報をチェックします。GDP成長率が大幅に増加したという記事を目にした場合には、その記事だけでおしまいにせず、その記事の元になったGDP統計の元データも確認するのです。幸い、こうした**一次情報はネットの普及で充実してきていますから、私たちにとってはチャンス**です。

今期のGDPが「2%の大幅なプラス」と報道されていても、その前の期は3%のマイナスだったかもしれません。今期については確かに2%の増加ですが、その前の期と比較すると経済はまだマイナスが続いている、ということもあり得るわけです。

一方、**情報源がこうした統計データではなく、誰かの発言だった場合には、発言した人の意図というものを想像することが重要**です。官僚や政治家など行政・立法に携わる人たちや、学者やエコノミスト・アナリストなど分析を仕事にする人の発言には、多くの場合、明確な意図があります。発言をそのまま受け止めることはせず、発言が出てきた背景というものを知る必要があるのです。

政治家の発言には、たいてい政治的な意図がありますから、それを探るのが基本です。ただ最近では政治家の劣化も激しく、単なる不満や思いつきで発言する人も増えていますから、すべてに意図があると考えるのは危険かもしれません。このあたりは、場数を踏んで、背景を見抜く力を養うしかありません。

官僚の場合は非常に単純で、発言のほぼすべてが省益に関係しています。官僚は自らの組織に極めて忠実ですから、よほど変わった人でなければ、省の方向性と異なる発言をすることはありません。

学者の場合には、2つの可能性を考慮に入れる必要があります。1つは自分の学説に対する思い入れ。もう1つは、政治的な野心です。

多くの学者は学説に沿って淡々と解説していきますが、中には、自説が正しいと思い込むあまり、事実を曲げてでもその正当性を主張してしまう人がいます。また、政権の経済ブレーンなどに登用されたいという野心から、それに合わせて発言内容を変える人もいます。**発言内容が変化している人には注意が必要**でしょう。

エコノミストやアナリストは、金融機関に所属していることがほとんどですから、基本的に勤務する金融機関の利益に沿った発言を行います。

ただ外資系の金融機関は人材の出入りが激しいですから、学者や言論人への転身を狙って、知名度を上げることを最優先する人もいます。学者と同様、その人のキャリアがどう形成されているのかについて、見ておく必要がありそうです。

著名投資家のウォーレン・バフェット氏は常々「床屋に髪を切るべきか聞いてはいけない」と述べています（理髪店は髪を切るのが商売なので、「切るべきだ」と言うに決まっているから）。

発言者が自分に有利になるように発言している場合には、その内容を割り引いて考えるのが大原則です。

ファクトとオピニオンを峻別し、発言者の背景も調べれば、おのずと情報の信憑性も見えてくる！

新しい常識

第6章

「働く」「生きる」の

Changing Economy 42

日本人の労働時間は減っていくのか?

「ノー残業デー」を設定するなど、
労働時間を減らす方向に進む

＜

日本の世論は
労働市場改革には消極的で
生産性は今後も上昇しないため、
残業はなくならない

日本では、企業における長時間残業が社会問題にもなっていますが、なかなか改善の兆しが見られません。企業における働き方は、経済動向と密接な関係があります。日本人の働き方が今後、どうなるのかを知りたければ、ポスト・アベノミクス時代の経済がどうなっていくのかを考えるのが早道です。

厚生労働省の毎月勤労統計によると、企業における残業時間は増加の一途をたどっています。２０１５年は多少減少したものの、**２０１４年の所定外労働時間つまり残業時間は過去20年で最長を記録**しました。各社とも残業時間を減らすため、「ノー残業デー」などを設定しているのですが、なかなか効果は上がらないようです。

残業時間が減らない根本的な原因は、日本企業の生産性が低いからです。

日本は製造業の国というイメージが強いですが、従事している労働者の数で見ると圧倒的に非製造業のほうが多数派となっています。国内大手サービス業における雇用者数は過去20年で30％、中堅事業者における雇用者数は25％も増加しました。

しかし、**国内サービス業における１人当たりの売上高は減少が続いており、経営効率は悪化**しています。国内市場は、人口増加率の鈍化に伴ってほぼ横ばいで推移していますから、各社とも売上高はほぼ横ばいの状況です。売上高が変わらず、雇用者が増えているということは、同じ規模のビジネスをより多くの人員でこなしているということになります。**１人当たりの売上高を単純に生産性と解釈すれば、日本のサービス業における生産性は年々低くなっている**わけです。実際、マクロ経済的に見たサービス産業における全要素生産性（ＴＦＰ）は１９９０年代、２０００年代ともにマイナスでした（経済産業研究所の調査）。

生産性が低い状態で売上高を伸ばすには、さらに多くの人を雇うか長時間労働するしか方法がありません。おそらくその両方が、同時並行で進んでいる可能性が高いでしょう。こうした状況に拍車をかけているのが、正社員と非正規社員の区分です。

日本では、労働コストを削減するために社員の非正規化を進めてきました。しかし雇用契約上、非正規社員には長時間の残業は要請しにくい状況にあります。**正社員の数を削減し、非正規社員の数を増やした結果、処理しきれなかった仕事は、正社員が長時間残業で対処している**可能性が高く、これが残業時間を増加させる一因となっていると考えられます。

ではポスト・アベノミクス時代には、こうした労働環境はどう変化するでしょうか。ベストなシナリオは労働市場の改革が進み、企業の生産性が向上することですが、現時点ではこれが選択される可能性は低いでしょう。**日本の世論は労働市場の改革には否定的**だからです。

そうなってくると、このまま生産性が低い状態が続くか、政府による強制措置で残業などの規制が強化されるかのどちらかになります。政府の規制が強まった場合には、長時間残業は減りますが、生産性は変わりませんから、企業の売上高と利益は減少します。一方、何も手を付けなかった場合には、うまくいけば売上高と利益は横ばいの状態を維持できますが、長時間労働という問題は解決しません。

結局のところ、**ポスト・アベノミクスの時代においても、残業の問題はなかなか解決しない可能性が高い**でしょう。

もっともこうした問題が、テクノロジーの普及で改善する可能性はあります。それが後ほど解説する「シェアリング・エコノミー」です。

日本の長時間残業は安定した雇用と引き換えになっている。
雇用を優先するなら残業の覚悟を！

Changing Economy 43

どのような働き方が理想なのか？

社員が顔を合わせて調整し
コンセンサスを得られたら、
仕事を進める

＜

コア業務以外の機能は
すべて外注化するという
仕事のパーソナル化が進む

このところ、既存のビジネス・リソースをネット上で共有する、いわゆる「シェアリング・エコノミー」が話題に上るようになってきました。シェアリング・エコノミーというと、ウーバーのようなタクシーの配車サービスや、Ａｉｒｂｎｂといった民泊ビジネスが頭に浮かびますが、シェアリング・エコノミーの概念は、消費者向けサービスだけにとどまるものではありません。

このところ、**米国では「クラウド・ソーシング」と呼ばれる仕事の受発注の仲介サービスが急激に普及してきており、企業内のあらゆる仕事を外部に発注できる**ようになってきました。日本でもクラウド・ソーシングのサービスを提供する企業が出てきていますが、今のところはＷｅｂサイトの構築や文章のライティングなど対象分野が偏っています。しかし、企業内の業務のかなりの部分が外注対象となってくるのは、そう先のことではないでしょう。

クラウド・ソーシングが普及すると、会社の中での仕事の進め方は大きく変わります。これまでは、社内のいろいろな部署と調整を行い、全体の方向性を固めていくプロセスがどうしても必要でした。しかし、会社の外部に、たくさんのビジネス・リソースがあり、安い金額でそれを調達できるということになると、仕事はこちらを中心に回り始めます。こうした変化は、日本における仕事の仕方を見直すきっかけとなるかもしれません。

日本の職場は、全員が顔を突き合わせ、何となく周囲の様子をうかがいながら、あうんの呼吸で仕事を進めていくというやり方が標準的でした。日本独特の「根回し」という言葉がありますが、これは、ある程度のコンセンサスが得られなければ仕事を進められないことと表裏一体だったわけです。

しかし、業務のシェアリングという概念が普及してくると、企業における組織の持つ意味も大きく変わってきます。一連の変化は、企業における業務の階層化（水平分業化）をさらに進める結果となるでしょう。

これまで日本企業は、組織の中にあらゆるリソースを抱え、自社で管理してきました。しかし、**必要なビジネス・リソースを必要に応じて外部から調達すればよいということになると、企業における各業務は、単なる機能（ファンクション）という位置付けに変わります。**

企業にとってみれば、コア業務以外の機能を自社で持つ必然性がさらに薄れてくるため、組織の形態はますますシンプルになってくるわけです。

企業の中には、こうした変化に対応し、組織の形態や雇用環境を変えるところが出てくる一方、新しい概念に対応できず、現在の垂直統合的な仕組みを温存しようとするところもあるでしょう。**変化に対応できる組織とそうでない組織の差は、今後ますます拡大していく**と予想されます。

組織というのは強固なものですから、そう簡単に全体が変わるものではありません。しかしながら、仕事のパーソナル化が進めば、どの会社に所属しているのかということよりも、どんなスキルを持っているかのほうが重要となってきます。これに伴って組織のあり方も、徐々にではありますが変化していくでしょう。

ポスト・アベノミクス時代においては、仕事の形態は、自由がきくパーソナルなものと、規定の時間、しっかりと拘束される従来型のものとに二極分化していくのかもしれません。

シェアリング・エコノミーの発展により、
ますますビジネススキルの重要性が増してくる！

Changing Economy

44

人工知能は仕事を奪うのか?

人工知能が普及するのは
かなり先の未来の話だが、
そうなると確実に雇用は減ってしまう

人工知能の一般化は時間の問題で、
それとともに新しい雇用も生まれる

世の中では、ロボットや人工知能（AI）が普及すると多くの仕事が失われるというのが常識になっています。ところが**経済産業省はこれとは正反対に、ロボットやAIを導入することで、むしろ多くの雇用を作り出せるとの試算を公表**しています。これはどういうことなのでしょうか。

経済産業省による試算のベースになっているのは、マクロ経済における成長率予測です。マクロ経済では、その国の長期的な経済成長率というものは、潜在GDPで決まる供給力の制約を受けると解釈されています。

つまり、どんなに需要があったとしても、その国の経済が持っている供給力を超えて経済が成長することはできないという考え方です（供給が需要に追い付かない場合はインフレになります）。

潜在GDPを決定する要因は、資本投入、労働投入、全要素生産性の3つですが、これは、ごく簡単に言ってしまうと、**お金と労働者の数とイノベーションで経済は決まる**という意味になります。

日本の場合、過去の成長から得られた分厚い資本蓄積があり、お金の面では問題ありませんが、人口減少によって労働力人口の低下が確実視されている状況です。今と同じ経済成長率、あるいは今よりも高い経済成長率を望むのであれば、労働力人口の低下を補って余りある全要素生産性の上昇が必要となります。

全要素生産性とは要するにイノベーションのことなので、**人口減少によるマイナスの影響を上回る画期的なイノベーションが強く求められている**わけです。

経済産業省では、ロボットやＡＩなどをフル活用することによって、イノベーションを活性化することが可能となり、潜在成長率を上昇させるというシナリオを描いています。これは経済産業省が勝手に想像しているわけではなく、アベノミクスがそのような経済成長シナリオを前提にしていたからです。

要するに、**経済産業省のシナリオでは、ロボットとAIがフル活用されることで潜在成長率が上昇し、成長率の高まりによって所得が増え、需要も増加し、最終的には仕事そのものが増えるという流れ**になっているわけです。

これに対して従来の試算の多くは、個別の仕事がどれだけロボットによって置き換わるのかをミクロ的に分析したものです。その結果、多くの仕事がロボットに置き換わり、仕事が消滅するという結論が導き出されました。両者の結論に大きな違いが生じているのは、これが原因です。

もっとも、**ポスト・アベノミクス時代においては、経済産業省が前提にするような経済シナリオは達成が難しくなっています。**

しかし、ロボットやＡＩの導入が生産性を向上させるという考え方自体は、間違っていません。ただ、ここにおいても問題になってくるのが雇用の流動化です。ロボットやＡＩの導入で、新しい仕事が増えるとしても、消滅する仕事があるのも事実です。つまりロボットやＡＩの導入によって新たに生まれた仕事に従事する人は、前の仕事を辞めて、その仕事に就くことになるわけです。

一定割合の人が転職を余儀なくされるということですから、これは労働市場の流動化にほかなりません。実際、**経済産業省もＡＩを普及させるには、円滑な労働移動が必要と主張しており、痛みが伴うことを認めています。**今の日本において、この政策を受け入れる余地があるのかは何とも言えません。

ＡＩというイノベーションを生かすも殺すも、日本社会が雇用の流動化を受け入れるか否か次第！

どうすれば老後の生活を維持できるのか？

Changing Economy 45

退職金があれば悠々自適、
なければ死ぬまで働く

＜

退職金の有無にかかわらず、
投資スキルを磨いておく

私たちの仕事が今後、どう変わるのかも気になりますが、老後の生活も不安材料の1つです。従来であれば、退職金が出る企業に勤めている人は、退職金を老後の生活に充当することで何とか悠々自適の生活を維持できるというのが常識でした。一方、退職金がない人は、生涯を通じて働かなければいけないと考えていたはずです。しかし、**ポスト・アベノミクス時代においては、両者の違いは限りなく小さくなる**でしょう。

一部の超優良企業を除けば、生活に困らないほどの退職金を得られる可能性は低くなっています。したがって**退職金があったとしても、それは生活費としてではなく、運用の原資として捉えるべき**ものです。

さらに言えば、運用で得られるお金についても過度に期待すべきではありません。若い時であれば、多少の失敗があっても、時間はたっぷりあるので、その損失を取り返すチャンスはいくらでもあります。投資で失敗しても仕事で挽回することは、十分に可能だったわけです。しかし、年を取ってしまうと、投資での失敗を別の手段で埋め合わせることがとても難しくなります。ですから、退職金の運用で過度なリスクは禁物なのです。

これに加えて、ポスト・アベノミクス時代においては、当分の間、低金利が続く可能性が高いということも頭に入れておく必要があります。つまり、**退職金というまとまった額のお金があっても、金利や配当の収入だけは、生活を支えることは難しい**わけです。**働いて得た収入をメインとし、これに年金と運用益を加えるという考え方が基本**となります。つまり、老後という概念はなくなり、年齢にかかわらず働き、余裕資金は常に投資で運用するというのが標準的なライフスタイルとなるでしょう。

したがって筆者は、若いうちから積極的に投資経験を積んでおくことを皆さんにお勧めしています。**投資というのは経験値に左右される部分が大きく、経験者のほうが圧倒的に有利**だからです。

特に重要なのが精神的な面です。

どれだけ緻密に投資計画を立てても、実際にお金を投じると人は冷静ではいられなくなります。ちょっとした相場の波乱があるとリスクを過大評価してしまい。損失を拡大させてしまうことがよくあるのです。

これまで投資の経験がなかった中高年の人はやむを得ませんが、その場合には慎重な運用をより心がける必要があります。

本書で何度か指摘していますが、ポスト・アベノミクス時代は、短期的には低金利ですが、中長期的には金利上昇とインフレのリスクがあります。

こうしたリスクが存在する以上、運用は株式中心で行うのがよいと思われます。

かなりの富裕層であれば債券も考慮に入れていいですが、**債券は一般的なレベルの投資家が購入することをあまり想定していません。流動性も低く、いざという時に換金しにくいですから、避けたほうがよい**でしょう。

それよりも、日本と海外の安定的な主力企業に分散投資する形にしておくことが、ポートフォリオとしては最適です。

優良企業であれば仮に相場が大きく下がった時でも、過度な損失を被る可能性は低いでしょうし、インフレが進んだとしても、株価はそれに応じて上昇していくはずです。また、**外国の優良企業は、高配当であることが多いですから、インカムゲインを稼ぐこともできて一石二鳥**となります。

これからは生涯労働、常に資産運用が常識となる。投資の基本は株式で、内外の優良株に分散投資が鉄則！

Changing Economy 46

私たちの年金はどうなるのか？

公的年金の積立金運用を株式などリスク資産にシフトし、保険料の赤字をカバーする

もはや大幅な株価上昇は期待できず、給付額はさらに減少する

老後の生活でもっとも日本人が気をもんでいるのが、やはり年金の問題でしょう。公的年金制度は、多くの人にとって、老後の生活を支える唯一の基盤ですが、このところ年金に対する信頼が大きく揺らいでいます。ポスト・アベノミクス時代において、年金制度はどうなってしまうのでしょうか。

安倍政権は、戦後の社会保障政策を根本から変えるような大きな制度変更を実施しました。それは、公的年金の運用方針の見直しです。

私たちが支払った年金保険料は積立金という形で運用が行われており、現在の運用残高は１３５兆円ほどになっています。**以前は積立金のほとんどが安全な国債で運用されていましたが、安倍政権になって株式などリスク資産へのシフトが進みました。**

日本の公的年金は大きく分けると、サラリーマンの人が加入する厚生年金と、主に自営業者の人が加入する国民年金に分かれています。

年金の給付額は厚生年金が23兆円、国民年金が20兆円（厚生年金の基礎年金部分も含む）ですから、全体では約43兆円になります。平均すると国民年金のみ受給している人は年間68万円程度、厚生年金の人は１８５万円程度（基礎年金も含む）をもらっています。

一方、現役世代から徴収する保険料は、厚生年金が26兆円、国民年金が1・6兆円しかなく、残りは、国からの補助（約11兆円）、積立金からの支払い（3兆円）などで賄っています。つまり、**年金として高齢者に支払っている額の6割しか、現役世代の保険料でカバーできていないのが現状**なのです。

積立金の運用益は赤字を補填する貴重な財源ですが、国債中心の運用では運用益がゼロ近くになってしまい補填ができなくなります。つまり、リスクがあると分かっていても、より期待収益の高い株式で運用しなければ、年金を維持できない状況となっているのです。公的年金の運用を株式にシフトした本当の理由はここにあります。

アベノミクスのスタート以後、株は順調に上がっていましたから何の問題もありませんでしたが、ポスト・アベノミクス時代には、これまでのような株価上昇はあまり期待できなくなっています。

万が一、**株価が大幅に下落するような事態となった場合、年金財政がさらに悪化するる**ということにもなりかねません。

これまで年金受給額は、物価が上昇した場合には、それに合わせて給付額も増える仕組みになっていました（物価スライド制）。しかし政府は、年金制度が破綻することを防ぐため、給付額の抑制を始めています（マクロ経済スライド制）。

厚生年金の平均受給金額は、過去10年間で１割程度減少しました。一方、この間、消費者物価指数は３％ほど上昇していますから、年金受給者の生活は年々苦しくなっています。

今後は高齢化が進んでいきますから、年金財政はさらに厳しくなっていきます。**現役世代から徴収する保険料を大幅に引き上げるか、消費税を大幅に増税するか、もしくは年金の受給額を減らすしか、年金を維持する方法はない**でしょう。これ以上、現役世代に負担をかけることはできませんから、年金の受給額を徐々に減らすことでバランスを取っていく可能性が高いと考えられます。

年金は給付を限りなく抑制してしまえば、制度として破綻することはありません。しかし、老後の生活を保障するという意味では、実質的に機能しなくなりつつあります。

高齢化が進む一方、現役世代は着実に減っていくので、年金は破綻しないものの機能不全に陥る！

医療制度は今後も守り続けられるのか?

Changing Economy

47

保険料さえ支払っていれば、誰でも病院にかかることができる

年金と同様、医療財政も逼迫しており、よい医療を受けるためにはお金が必要となる

社会保障制度に関する議論では、年金の維持可能性がよくテーマとなります。先ほど説明したように、年金財政は苦しく、給付額の抑制が避けられない状況です。ただ、年金には135兆円の積立金がありますから、これがなくなるまでにはかなりの時間的猶予があります。一方、公的医療制度にはこうした積立金はありません。**バッファがないという意味では、むしろ医療のほうが問題は深刻**かもしれません。

日本人は医療にかなりのお金を使っています。2013年度における国民医療費の総額は約40兆円でした。1人当たり毎年30万円もの金額を医療にかけているわけです。現在、日本の公的医療は原則として自己負担率が3割ですから、残りは保険料や企業負担分、政府からの補助などで賄っています。

政府からの補助は全体の26%、地方自治体からの補助は13%ですから、保険制度と自己負担でカバーできているのは全体の6割しかありません。**今後は自己負担の割合がさらに高まる可能性があります。**

一方、支出面では高齢化の進展に伴い、高齢者の医療費が急拡大しています。特に**支出が増えると予想されているのが薬剤費**です。2016年4月、財務省の財政制度等審議会で、高額な抗がん剤がもたらす治療費の高騰が大きな話題となりました。

最近開発された免疫療法を使った抗がん剤のケースでは、患者1人当たり年間3500万円の費用がかかるという驚きの試算が示されています。**たった1つの新薬を使っただけで、国全体の薬剤費が2割近く上昇**する計算です。

そうなってくると政府は当然のことながら支出の抑制を図ります。政府は「患者申出療養」という新しい制度を、2016年4月からスタートさせているのですが、これは、今後の国民医療制度を大きく変えるきっかけとなるかもしれません。

患者申出療養は、従来型の公的保険がきく診療と、保険適用外の自由診療を併用させる混合診療の一種です。これまで混合診療は、一部のケース（先進医療など）を除いて原則禁止とされてきました。しかし、産業界からの強い要請を受け、安倍政権は先の国会において関連法案の整備を行い、混合診療の解禁に乗り出しました。

患者申出療養では、患者側からの申請によって保険診療と保険外診療を併用します。自由診療部分は全額自己負担ですが、日本では承認されていないような最新の薬や治療法を自由に使うことが可能となります。

患者の選択肢が拡大するわけですから、メリットが多いように思えますが、そうとも言えません。この制度は医療費の抑制に使われる可能性があるからです。

医療費を抑制するためには、高額な新薬が登場した場合、たとえ効果が高くても、公的保険の適用から除外される可能性があります。

保険適用から外れてしまうと、製薬会社は商売にならなくなってしまいますが、患者中出療養の制度があれば、富裕層は自費、あるいは民間の保険で対応できるため、製薬会社も薬を売ることができます。つまり、保険が適用できなくても、薬の販路を確保できる可能性が見えてきたわけです。そうなってくると、逆に**公的保険の対象となるのは、安価な薬だけに限定される**という事態にもなりかねません。

富裕層は自由に治療法を選べるものの高額な医療費を請求され、中間層以下は、使える治療法が制限されてしまう可能性があるわけです。

日本の公的医療制度がすぐに形骸化することはありませんが、**よい医療を受けたければお金が必要という時代になることは、避けられそうもありません。**

お金のかかる医療が必ずしも好成績とは限らない。
経済力に加えて、情報収集能力が人生の質を左右する！

Changing Economy 48

介護問題はどのくらい深刻になるのか？

介護サービスの充実化で、介護離職がゼロになる

介護の財源不足と自民党草案に沿った憲法改正で、介護施設は増えず家族の負担が増える

現役世代にとって、かなり先の話だと思われていた介護の問題が、いよいよ現実のものとなってきました。安倍政権は、介護離職をゼロにするという政策を掲げましたが、実現は難しいと言われています。

安倍政権の介護離職ゼロという目標は、介護関係者にちょっとした驚きを持って受け止められました。これはどういうことかというと、日本の介護制度では、介護が必要な高齢者の世話は、在宅で行うことが大前提だったからです。つまり**安倍首相の発言は、これまでの日本における介護政策とは正反対の内容**だったのです。

日本の介護制度は、在宅介護を基本としており、それが実施できない人だけが介護施設に入るという仕組みになっています。世の中には様々な介護施設がありますが、寝たきりの状態となり、最終的な寿命をまっとうする段階までケアしてもらえる施設は、事実上、特別養護老人ホーム（特養）しかありません。**有料老人ホームは高額ですから、中間層以下の人にとっては特養が最後の砦**と言ってよいでしょう。

しかし特養の数は極めて少なく、しかも入所には厳しい条件が設定されています。最新の基準では、要介護３以上の認定が必要となりますが、要介護３ということになると、排泄、食事、入浴など、すべてにおいて介助が必要なレベルです。

つまり、家族が介護することが現実的に難しいというレベルにならないと、原則として特養には入れないわけです。それまでは、ヘルパーなどの支援があるとはいえ、基本的に家族が介護するということになりますから、片手間ではとても対応できません。結果として、**介護のために離職することが大前提**ということになってしまいます。介護離職をゼロにするためには、特養を大幅に増設する必要がありますが、何といっても最大の問題は財源です。

現在、介護保険制度からは、介護費用として年間約9兆円が支出されており、このうち、国と地方自治体が半額を負担。残りは国民が支払う介護保険料で賄われています。**もし家族が一切の負担をすることなく、すべて施設でケアするということになると、介護費用は2倍に膨れ上がる**との指摘もあります。**介護保険料を倍増させ、かつ国と自治体の負担も倍増させなければ、施設での介護を実現することはできません。**

消費税でこれをカバーしようとすれば、2%から3%の増税が必要となりますし、何より**国民に課せられる介護保険料が大幅増額となるため、家計の負担は相当なものとなる**でしょう。日本の社会保障制度は、基本的に人口が増えることを前提に作られていますから、介護に限らず、年金や医療など、従来の社会保障制度を維持することはますます難しくなっています。私たちは、日本の介護問題について根本的にどう解決していくのか、そろそろ本気で議論する必要がありそうです。

もっとも重要なのは、老後の面倒は家族がみるのか、基本的に個人で完結させるのかという部分です。

欧米の民主国家では、老後の問題は個人で完結させ、その能力がない人には政府が支援するという考え方が一般的です。

一方、日本では2016年7月の参院選の結果、憲法改正が具体的な視野に入ってきましたが、自民党の憲法草案には家族が相互に助け合う義務が盛り込まれています。もし、この**草案が実現する形になれば、福祉政策は大転換となり、介護は原則として家族が自ら行うものという位置付けに変わってくる**かもしれません。その場合には施設の増強は望めない可能性が高いでしょう。

介護という必ず訪れる現実から決して目をそむけず、その費用も自らの人生設計に織り込むことが大切！

あとがき

情報を分析する際の基本的な考え方に、「タテ」と「ヨコ」というものがあります。タテとは時間軸をさかのぼること、つまり過去の事例を検証し、現在に応用するというものです。ヨコとは、外国など現時点で比べることができる対象を探し、比較分析を行うことを指しています。

両者は情報分析の基本中の基本なのですが、多くの人が、この習慣を十分に身に付けておらず、これが投資やビジネスで失敗する原因となっています。

身に付けていないだけなら、すぐに習得すればよいだけなのですが、話はそう単純ではありません。タテとヨコの分析そのものを嫌悪する人が、かなり多いのです。

これまでの経緯や過去の話を耳にすると、「今とは時代が違う」と言って、一刀両断に斬り捨ててしまう人をよく見かけます。また、他国との比較についても、「日本と外国は違う」と言ってやはり拒絶してしまいます。

残念ながら、このようなタイプの人はよほどの天才でもない限り、ビジネスや投資でよい成績を残せません。

経済というものは、ある時点の出来事が単独で存在しているわけではありません。多くの出来事が連綿と続き、相互作用を経て現在を形成しています。過去の経緯や周囲との関係性について整理してみると、解決のヒントが得られることも多いのです。

筆者は本書において、今後の日本では消去法的に財政出動の強化が選択され、その結果として、中長期的な金利上昇リスクが高まるのではないかと予想しています。タテとヨコという考え方を使って分析した結果は、総じてあまり楽観的なものではありませんでした。

一方で、ポスト・アベノミクス時代には、ＡＩの普及やシェアリング・エコノミーの台頭など、社会の仕組みを変える新しい動きが活発化することが予想されます。こうした変化は、前向きに捉えれば大きなチャンスです。厳しい時代に備えつつ、新しい動きに対しては積極的に向き合うバランス感覚が求められるでしょう。

本書を読み進めていただいた皆さんであれば、リアリズムに徹し、現実に即した行動を取ることができるはずです。

本書はビジネス社の大森勇輝氏との議論の中から生まれました。この場を借りて謝意を表したいと思います。

加谷珪一

著者略歴

加谷珪一（かや・けいいち）

経済評論家。1969年仙台市生まれ。東北大学工学部原子核工学科卒業後、日経ＢＰ社に記者として入社。野村證券グループの投資ファンド運用会社に転じ、企業評価や投資業務を担当。独立後は、中央省庁や政府系金融機関など対するコンサルティング業務に従事。現在は、金融、経済、ビジネス、ITなど多方面の分野で執筆活動を行っている。ニューズウィーク日本版（オンライン版）など連載多数。億単位の資産を運用する個人投資家でもある。著書に『新富裕層の研究――日本経済を変える新たな仕組み』（祥伝社新書）、『「教養」として身につけておきたい戦争と経済の本質』（総合法令出版）、『お金持ちはなぜ「教養」を必死に学ぶのか』『お金は「歴史」で儲けなさい』（ともに朝日新聞出版）、『お金持ちの教科書』（CCCメディアハウス）などがある。著書は台湾や香港などでも広く読まれている。

加谷珪一オフィシャルサイト　http://k-kaya.com/

ポスト・アベノミクス時代の新しいお金の増やし方

2016年10月９日　第１刷発行

著　者　　加谷珪一
発行者　　唐津 隆
発行所　　株式会社ビジネス社
〒162-0805　東京都新宿区矢来町114番地 神楽坂高橋ビル5階
電話　03(5227)1602　FAX　03(5227)1603
http://www.business-sha.co.jp

印刷・製本　大日本印刷株式会社
〈カバーデザイン・本文組版〉中村聡
〈編集担当〉大森勇輝　〈営業担当〉山口健志

ISBN978-4-8284-1913-8

ビジネス社の本

1杯の水と卵1個で変わる 史上最強のコンディショニング術

庄司 剛……著

定価 本体1400円＋税
ISBN978-4-8284-1894-0

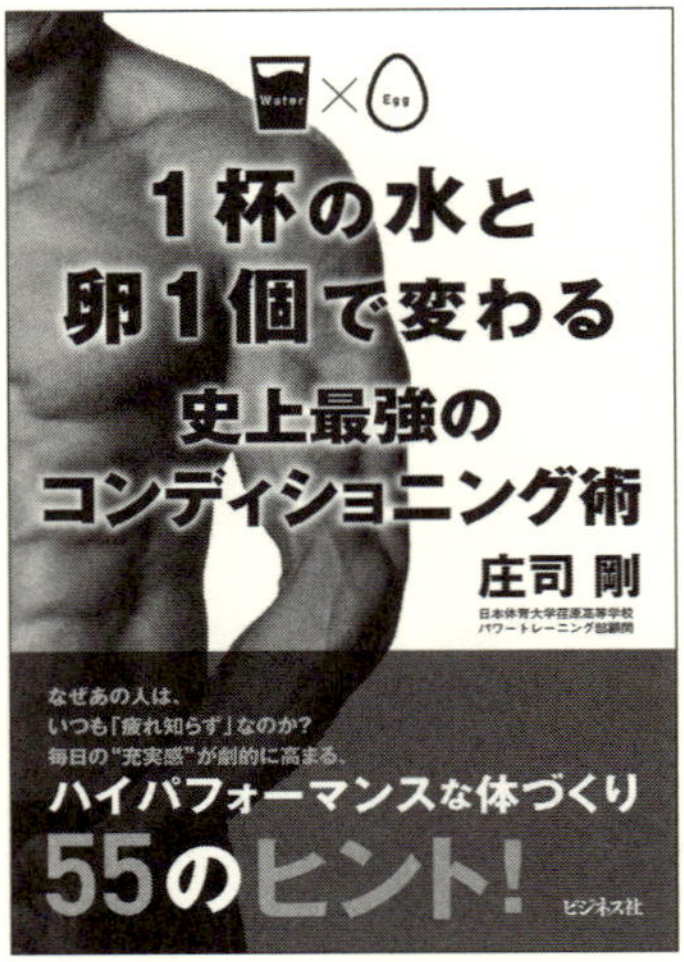

「体が変われば、心も必ず変わる！」

誰でも必ずハイパフォーマンスな体になれる〝55のヒント〟がここにある。コップ1杯の水と卵1個から始まる史上最強の自分革命。1万8000人の肉体と人生を変えてきた〝庄司メソッド〟を公開。

本書の内容

第1章　できる人はなぜ体のデザインにこだわるのか
第2章　ハイパフォーマンスのカギを握るオンオフの秘けつ
第3章　体、頭、心に効く食事の考えかた
第4章　ルーティンが自然に身につく「習慣化の法則」